KB110544

글로벌 리더

세계무대를 꿈꾸는 젊은이들이 알아야 할 아홉 가지 원칙

차례

Contents

갈매기의 꿈

    청소년 시절에 리처드 바크Richard Bach가 지은 『갈매기의 꿈 Jonathan Livingston Seagull』이란 책을 읽었다. 책을 펼치자마자 하늘 높이 나는 갈매기의 흑백사진에 흠뻑 빠져들었다. 마치 내가 갈매기가 되어 하늘을 나는 환상에 젖어들기도 하였다. "대부분의 갈매기들은 비상의 가장 단순한 사실, 곧 먹이를 찾아 해변으로부터 떠났다가 다시 돌아오는 방법 이상의 것을 배우는 것에는 신경 쓰지 않았다. 그들이 중요하게 생각하는 것은 나는 것이 아니라 먹는 것이었다."[1] 이 말은 감수성이 예민했던 시절에 삶을 어떻게 살아가야 할 것인지 크게 깨우쳐 주었다. 낮게 나는 새는 좁은 세상밖에 보지 못한다. 높게 나는 새만이 넓은 세상을 바라볼 수 있다. 글로벌 리더는 갈매기 '조나단

리빙스턴'처럼 먹는 것보다 나는 것을 더 소중하게 여기며, 낮게 날기보다는 높게 날아 먼 곳을 내다볼 줄 아는 사람이다.

또한 글로벌 리더는 그리스 신화에 나오는 '프로메테우스 Prometheus'와 같은 존재라고 생각한다. 프로메테우스는 진흙으로 최초의 인간을 만든 신이다. 신의 세계에서 불을 훔쳐 와 인간에게 전해 준 착한 신이기도 하다. 불을 전해 받은 인간에게는 문명의 밝은 세계가 활짝 열렸다. 인간은 이제 더 이상 어둠 속에서 떨지 않아도 되었다. 인간은 신들만이 누리던 기쁨을 누리게 되었다. 이에 화가 난 제우스는 프로메테우스를 머나먼 카우카소스 산에 묶어 놓고 독수리에게 간을 파먹게 하는 끔찍한 형벌을 내린다. 프로메테우스라는 말은 '먼저 아는 자'를 뜻한다. 즉, 먼저 깨닫고, 먼저 본 자라는 의미이다. 프로메테우스는 장차 인간 세상이 올 것을 미리 깨닫고 인간을 만들었다. 또한 신의 세계에서 불을 훔쳐오는 용기를 발휘하였다.[2] 앞을 내다볼 줄 아는 선견지명先見之明과 희생적 용기, 이는 글로벌 리더의 중요한 덕목이라 할 수 있다. 그런 의미에서 프로메테우스는 글로벌 리더의 상징이라 말할 수 있다. 프로메테우스가 인간에게 불을 가져다 준 것처럼, 우리나라에 새로운 불을 가져다 줄 프로메테우스 같은 인물들이 많이 나와야 한다.

21세기 미래 여행

제4의 물결

금세기 최고의 미래학자인 앨빈 토플러Alvin Toffler는『부의 미래Revolutionary Wealth』에서 다가올 미래를 예측하였다. 토플러가 말하는 부富(wealth)는 손으로 만질 수 있는 화폐가 아니다. 부는 인간의 욕망을 채워주고, 갖고 싶은 욕구를 해소시켜 주는 그 무엇이라 할 수 있다. 토플러는 인류의 역사를 3개의 물결로 구분하였다. 제1물결은 1만 년 전에 시작되어 수천 년에 걸쳐 인류의 역사를 서서히 바꾼 농업혁명의 물결이고, 제2물결은 300년이라는 비교적 짧은 시간에 인류를 변화시킨 산업혁명의 물결이다. 제3물결은 1950년대 중반에 시작되어 현재까지 계속되고 있는 지식혁명의 물결이다.

토플러는 "미래의 부는 시간, 공간, 지식이라는 세 가지 심층기반(deep fundamental)이 어우러져서 만들어진다"고 말한다.

첫째 기반은 '시간'이다. 토플러는 시간을 고속도로를 달리고 있는 자동차에 빗대어 말했다. 여기서 자동차의 속도는 '변화의 속도'를 의미한다. 시속 160킬로미터로 가장 빨리 달리는 자동차는 '기업'이다. 다음은 140킬로미터의 '시민단체(NGO, Non Governmental Organization)', 95킬로미터의 '가족', 50킬로미터의 '노동조합', 40킬로미터의 '정부 관료 조직', 15킬로미터의 '학교', 8킬로미터의 '국제기구(국제연합, 국제통화기금, 세계무역기구 등)', 5킬로미터의 '정치 조직', 1.5킬로미터로 맨 꼴찌를 기록하고 있는 '법' 순이다. 미래사회에서는 속도를 맞추는 일, 즉 동시화(synchronization)가 매우 중요하다.

둘째 기반은 '공간'이다. 인터넷과 교통이 발달하면서 지구는 하나의 마을로 비유할 수 있을 만큼 좁아졌다. 세계화(globalization)로 인해 국경의 의미가 점차 사라지고 비즈니스나 시장뿐 아니라 직업까지도 세계를 무대로 하게 되면서 한 개인이 선택할 수 있는 공간의 범위는 더욱 넓어졌다.

셋째 기반은 '지식'이다. 오늘날 부의 창출은 점점 더 지식에 의존하고 있다. 지식은 '미래 경제의 석유'라 할 정도로 중요하다. 매장량이 한정된 석유는 쓰면 쓸수록 줄어들지만 지식은 무한하며 사용할수록 더 늘어난다. 지식혁명 시대에 부를 창출하는 에너지원은 바로 무한한 지식이다.

토플러는 '미래에는 지금 우리가 상상하지도 못하는 엄청난 일들이 벌어질 것'이라고 예측한다. 제3의 물결에 이어 제4의 물결이라 불릴만한 혁명적인 변화의 물결이 전개될 것이기 때문이다.[3)]

미래사회 10대 트렌드

미국 미니애폴리스에서는 세계 40여 개국의 전문가 1000여 명이 참석한 "세계미래회의"가 열렸다. 한국 측에서는 유엔 미래포럼 한국대표 박영숙 씨가 참석하였다. 박 회장은 회의에서 논의된 미래의 모습을 10가지로 제시하였다.[4)]

1. '1인 가구'의 가족형태: 출산율은 더욱 떨어지고, 가족 구조는 이동의 빈번함으로 해체되고 다양해진다. 독신은 늘고 미혼모(싱글맘)들이 인공수정을 통해 출산하는 것이 보편화되며, 줄기세포 치료와 유전자 치료를 통해 수명연장이 가속화된다.

2. 남자가 필요 없는 세상: 사회에서는 양성평등이 이루어지고, 냉동정자 수정을 통해 싱글맘들이 빠른 속도로 증가한다. 남성의 필요성이 줄어들고 여성의 파워가 급속히 증가한다. 남성의 근육질에서 나오는 힘이 더는 필요 없는 사회가 된다.

3. 허물어진 남성과 여성의 벽: 이미 여성과 남성의 전통

적 역할의 경계가 모호해졌듯이, 앞으로 남녀 간 일의 경계가 더욱 허물어진다. 남자가 육아에 더욱 관심을 갖는다. 미래사회에서는 남녀가 성차별, 성구분 없이 살아간다.

4. 현실화된 인간의 종말: 미래사회는 불치의 질병, 핵전쟁, 대규모 인구이동, 불임, 파시즘, 무정부로 위기에 처한다. 산업화시대의 사회 질서가 완전히 무너지기 때문이며, 이로써 말로만 듣던 인간의 종말이 올 수 있다.

5. 교육산업이 최대산업: 기술의 끊임없는 발달로 인간은 죽을 때까지 평생 교육을 하지 않으면 안 된다. 특히 대학생이나 중·고등학생을 위한 '집단지성포털'을 만드는 데 집중적인 투자가 이루어지고, 포털 사이트가 학교를 대체한다.

6. 보편화된 무학년제: 학습이 개인의 수준별로 진행되기 때문에 '무학년제'가 보편화된다. 무학년제에 맞게 학생들을 가르치는 교육포털로 '지식정원' '가상박물관' 등이 만들어진다. 이러한 포털로 학습 진행은 상상할 수 없을 정도로 빨라진다.

7. 수돗물처럼 공급되는 정보: 2005년에 100기가바이트 저장 USB가 나왔다. 2010년에는 1테라바이트 저장 USB가 등장하고, 2050년에는 1요타바이트까지 저장 가능한 USB가 나온다. 데이터 용량이 커지고 보편화·상용화되면, 전기나 물처럼 가정에 정보를 공급하는 시대가 된다.

8. '컴퓨터 칩'의 인간통제: '무선인식 기반기술'은 모든 교통관리시스템 및 안보망에 들어가고 서비스산업까지 깊숙이 침투한다. 컴퓨터 칩이 인간의 모든 행동을 감시하는 시

대가 온다.

　9. 사라진 '노인': 고대 이집트 시대의 평균수명 25세가 2030년에는 100세에 이른다. 미래사회는 초고령화 사회가 된다. 줄기세포 보편화로 장기이식이 가능하여 장기를 바꾸어 가며 오랫동안 살 수 있으므로, '노인'이라는 말이 사라진다.

　10. 노인을 돕는 노인: 초고령화 사회가 되면 '노노老老 돕기 운동'이 전개된다. 고령사회에는 간호사·복지사·의사 등이 모두 노인이 돼, 노인이 노인을 돕는 시대가 된다.

노마드 시대

　21세기는 새로운 유목민遊牧民(Nomad)의 시대라고 한다. 유목민은 중앙아시아, 몽골, 사하라 등의 건조·사막 지대에서 목축을 업으로 삼아 물과 풀을 따라 옮겨 다니며 사는 사람들을 말한다. 그들의 삶의 방식은 일정한 지역에 머물러 농사를 짓고 가축을 기르며 사는 정착민과는 근본적으로 다르다. 군둘라 엥리슈는 『잡 노마드 사회Jobnomaden』에서 미래사회의 모습을 날카롭게 그려내고 있다. 오늘날 공항이나 역 대합실, 호텔 로비에 가보면, 일하는 사람들로 가득 차 있다. 그들은 무릎 위에는 노트북을 올려놓고, 호주머니에는 휴대전화를 넣어두고, 귀에는 헤드셋을 착용한 채 끊임없이 행동하고 있다. '잡 노마드Job Nomad'는 직업(Job)을 따라 유랑하는 유목민(Nomad)이란 뜻의 신조어로 과거의 직업 세계에 등을 돌린 사람들을 의미한다. 그들은 평생 한 직장, 한 지역, 한 가지 업종에 매여 살지 않는다. 승진 경쟁에 뛰어들지도 않고, 회사를 위해 목숨 바쳐 일하지도 않는다. 이들 신종부류는 자신의 가치를 정확히 분석하고 자신을 위해 그것을 이용하여 현대화를 실천하는 주인공들이다.[5]

거미 사회

문화평론가 이어령 전 이화여대 교수는 변화하는 세상을 개미 사회와 거미 사회로 재미있게 설명하고 있다. 개미는 땅을 기어 다니며 평면 이동을 하지만 거미는 공중에 매달려 공간 이동을 한다. 그래서 두 곤충은 매우 다른 생각을 가지고 살아간다. 개미는 분업 체제로 조직되어 있어 집단적으로 움직인다. 개미에게 무리를 벗어난다는 것은 곧 죽음을 뜻한다. 그러나 지금은 다르다. 로빈슨 크루소처럼 무리에서 떨어져 혼자서도 무인도를 개척할 줄 아는 사람들만이 미래를 열어간다. 인터넷의 www는 world wide web으로 세계에 널리 깔린 거미줄이라는 뜻이다. 지금은 지구에 쳐진 거대한 은빛 거미줄 위에서 살아가는 시대이다. 개미의 시대에서 거미의 시대로 변했다.[6] 글로벌 사회에서는 거미처럼 각자 자신의 네트워크를 갖고 자기의 생존전략을 고민하며 살아야 한다. 글로벌 경쟁사회에서 우리는 모두 홀로 사는 거미이며, 오직 네트워크만이 생존의 해답이 된다.[7]

리더란 무엇인가?

어둠 속의 촛불

'리더leader'란 다른 사람을 이끌 수 있는 능력, 모두가 따라가게 하는 능력, 앞서서 경험하거나 인식한 길을 가르쳐 주는 지도능력 등을 가진 사람을 뜻한다. 리더에 관한 사전적 의미를 살펴보면 지휘관(commander), 사령관(commandant), 우두머리(boss, master, chief, head), 관리자(manager), 집행자(executive), 중역(key-man), 여론주도자(opinion leader), 엘리트(elite) 등과 같은 다양한 의미를 포함하고 있다.[8]

리더에는 두 종류가 있다. '난 사람'과 '된 사람'이다. '난 사람'이 탁월한 능력을 소유한 사람이라면, '된 사람'은 능력은 부족하지만 상하좌우 긍정적인 영향력을 발휘하는 사람이다. 전자는 과거형 리더이고, 후자는 21세기가 요구하는 리더이다. '된 사람'은 끊임없이 스스로를 갈고 닦는다. '된 사람'은 어둠 속의 촛불과도 같다. '난 사람'이 말과 명령으로 사람들을 움직인다면, '된 사람'은 말이 아닌 행동으로 앞선다.[9]

필자는 대학 재학 중에 학군사관후보생(ROTC, Reserve Officers' Training Corps) 과정을 이수했다. 졸업 후 소위로 임관하여 전문병과교육을 받기 위해 전남 광주에 있는 육군보병학교로 갔고, 그곳에서 보병부대 소대장으로서 갖추어야 할 소임에 대한 교육과 훈련을 받았다. 그때 입었던 군복 왼쪽 어깨에는 육군보병학교의 마크가 붙어 있었다. 학생장교들은 이 마크를 자랑스럽게 달고 다녔다. 마크 한가운데에는 로마군인의 칼이 하늘을 향해 반듯하게 세워져 있고, 칼날 위에는 '나를 따르라'라는 글자가 둥그렇게 새겨져 있었다. 이렇듯 마크에는 소대장은 지휘관(commander)이 아니라 지휘자(leader)라는 의미가 담겨 있었다. 지휘자는 소대원들과 생사고락生死苦樂을 함께 하며 부대를 이끌어야 한다. 지휘봉으로 지시만 하는 것이 아니라 앞장서서 솔선수범하는 것이다. 소대원들과 함께 피와 눈물과 땀을 흘릴 줄 아는 자가 진정한 리더라는 사실을 배웠다.

위대한 리더로서 솔선수범하는 모습을 잘 보여주는 일화가 있다. 남북전쟁이 한창일 때, 링컨 대통령은 부상당한 병사들이 입원해 있는 병원들을 일일이 찾아다녔다. 링컨은 중상을 입고 죽음 직전에 있는 한 병사에게 다가가 도울 일이 없냐고 물었다. 대통령의 얼굴을 알지 못하는 병사는 어머니에게 보내는 마지막 편지 한 통을 써 달라고 부탁했다. 링컨은 병사가 말하는 내용을 정성껏 편지지에 받아 적었다. 그리고 "당신의 아들을 대신해 에이브러햄 링컨이 씁니다"라고 서명했다. 병사는 쓴 편지를 보여 달라고 했고, 그 편지를 읽고는 깜짝 놀랐다. "당신이 정말로 대통령인가요?" 링컨은 다른 도울 일이 없는지 물었다. "제 손을 잡아주시면 편안히 떠날 수 있을 것 같습니다." 링컨은 병사가 숨질 때까지 손을 잡아 주었다.[10]

하얀색 리더십

리더십의 정의는 매우 다양하다. "조직 구성원들에 의해 공유된 목표를 향하여 집단을 지도하는 과정에서 나타나는 개인의 행위" "주어진 상황에서 구체화된 목표를 달성하고자 하는 노력으로서 효과적인 커뮤니케이션을 활용하여 이루어지는 대인관계적인 영향력" "상사가 부하의 행동을 변화시킬 수 있도록 영향력을 행사하는 과정" "상대방에게 자발적인 변화를 이끌어내 조직의 목표를 달성하도록 영향력을 행사하는 과정" 등이 그것이다.[11] 결국, 리더십이란 조직의 공동목표를 달성하기 위해 영향력을 행사하는 능력, 구성원을 설득하여 변화시키는 능력이라 할 수 있다.

미래 리더십의 키워드는 '열림·소통·여성성·과학기술·창조사회'이다. 내일의 리더는 특히 창조사회를 이끌 수 있어야 한다. 지본地本, 자본資本, 뇌본腦本 사회를 거쳐 21세기는 개방과 융합의 창조사회로 본격 진입하기 때문이다. 창조사회는 상상력으로 새로운 것을 만들어 내는 사회이다.[12]

리더십 전문가는 리더가 조직을 관리하는 과정에서 필요한 리더십 기술로 다섯 가지를 들고 있다.[13]

1. 전문적 기술(technical skill): 이는 경험, 교육, 훈련에 의해 얻어지는 것으로서 어떤 직무를 수행하는 데 필요한 지식, 방법, 기술 및 장비를 활용할 줄 아는 능력을 말한다.

2. 인간관계 기술(human relations skill): 이는 사람들과 더불어 일하고 또 사람들을 통해 일을 이뤄가는 능력과 판단력이며, 모든 계층의 리더에게 적용되는 효과적인 관리 기술이다.

3. 개념적 기술(conceptual skill): 이는 조직을 하나의 총체로 보는 능력을 말한다. 한 조직 내부의 여러 가지 기능들이 각 단위들 간에 어떤 상호관계를 가지고 있는지를 인식하는 능력이다.

4. 의사소통 기술(communication skill): 이는 의미 있는 정보를 전달하는 과정을 말한다. 단순히 결정된 정책이나 과정의 변화를 알려주는 것이 아니라, 의사를 바르게 전달하려는 노력으로 다른 사람의 동기와 의지를 불러일으킨다.

5. 의사결정 기술(decision-making skill): 이는 사실을 수집, 분석하여 대안들 사이에서 최적안을 선택하는 능력이다.

리더십에 관한 재미있는 이야기가 하나 있다. 기자들이 아이젠하워 대통령에게 리더십의 비법을 물었다고 한다. 그랬더니 아이젠하워는 50센티미터의 실을 책상 위에 늘어놓고는 기자들에게 실을 뒤에서 밀어보라고 말했다. 기자들이 실을 뒤에서 밀었지만 실은 구부러지기만 할 뿐이었다. 그때 아이젠하워는 실을 앞에서 끌어당겼고 실은 곧게 앞쪽으로 이동하기 시작했다. 아이젠하워는 이 모습을 가리키며 "리더십은 이와 같이 앞에서 행동으로 끌어주어야 합니다. 짐승은 뒤에서 몰아도 되지만 사람은 앞에서 솔선수범하며 인도해야 합니다"라고 말했다고 한다.[14]

21세기 리더십을 색으로 표현하면 하얀색이라 할 수 있다. 하얀색은 혼자서도 아름다움을 발휘할 수 있지만 다른 색의 바탕이 되어 또 다른 아름다움을 창조한다. 꽃에 비유하자면 안개꽃과 같다. 안개꽃 역시 그 자체로도 아름답지만 장미나 프리지어 등의 배경이 되어 함께 어우러질 때 더욱 아름답다.[15]

글로벌 리더십이란?

민물고기 바닷물고기

어떤 사람은 글로벌 리더를 연어에 비유하기도 한다. 연어는 강 상류의 물이 맑고 자갈이 깔려 있는 곳에서 산란을 한다. 수정된 알은 약 두 달이 지나면 부화하며, 이듬해 봄이 오면 어린 연어는 먼 바다로 여행을 떠난다. 연어는 북태평양 지역에서 생활하다가 알을 낳을 때가 다가오면 다시 멀고 먼 여행을 떠나 자기가 태어난 강을 찾아가서 그곳에 알을 낳고 죽는다. 연어는 독특하다. 연어가 독특한 것은 민물에서도 살 수 있고 바닷물에서도 살 수 있는 능력 때문이다. 대부분의 물고기는 양쪽에서 사는 것이 불가능하다. 민물고기에게 바닷물은 죽음이다. 바닷물고기에게 민물은 죽음이다. 그러나 연어는 다르다. 민물과 바닷물 모두가 삶의 터전이다. 이는 다른 물고기가 도저히 흉내 낼 수 없는 놀라운 적응력이며, 생명력이다. 글로벌 리더는 연어를 닮은 사람이다. 자신의 고향이 아무리 좋다고 해도 계속 머물지 않는다. 때가 되면 고향을 뒤로하고 과감하게 큰 바다로 나간다. 거대한 세계로 뛰어드는 것이다. 민물과 바닷물 양쪽에 살 수 있는 연어의 적응 능력, 그것은 바로 글로벌 리더의 핵심적 능력이다.[16]

글로벌 리더

'글로벌 리더'는 '세계의' '지구촌의'라는 뜻을 가진 글로벌 global과 리더leader가 합성된 말이다. '세계화(globalization)'라는 말은 '지구촌화'와 같은 의미로 사용되고 있다. 지구촌地球村 이란 말은, 작은 마을에서 모두가 서로 잘 알고 가족같이 지내는 것처럼, 넓은 세계가 이제 한 촌락村落과 같이 가깝게 여겨지게 되었다는 것을 보여준다.[17]

'글로벌 리더'란 글로벌 환경에서 리더십을 효과적으로 발휘할 수 있는 사람을 말한다. 즉, 글로벌 리더는 자기 나라를 떠나 문화적 배경이 다른 외국인들과 함께 일하면서 상대방으로 하여금, 같이 속해 있는 조직이나 팀을 위해 일할 때 강제로 하게 하는 것이 아니라 스스로 동기를 부여하여 자발적으로 공헌할 수 있도록 능력을 발휘하는 사람이다.[18]

글로벌 리더십

넓은 의미에서 글로벌 리더십은 초국가화(transnationalize)되어 가는 미래사회에서 인종이나 문화를 초월하여 정부, 비정부, 국제기구, 영리법인 등을 포함한 조직을 이끌어 나가고 구성원들에게 만족을 줄 수 있는 능력을 뜻한다. 글로벌 리더십을 구성하는 중요 요소들로는 세계적 표준(global standard)을 체득하고 세계 비전(world vision)을 가지는 것, 국내외를 막론하고 모든 사람들과의 관계에서 건전하고 능동적인 영향력을 끼칠 수 있는 능력, 국가와 민족은 물론 전 세계의 평화와 번영을 위해 이바지할 수 있는 능력, 다원주의적 문화 이해와 수용 능력 등을 들 수 있다.[19]

유망 직업

우선 국제기구로의 진출을 생각할 수 있다. 국제기구의 성격상 언어능력은 필수이다. 국제기구 공식 언어인 영어 또는 불어에 능통해야 하고, 추가적으로 기타 유엔 공용어(러시아어, 중국어, 스페인어, 아랍어)를 구사하는 경우, 취업 때 우대받는다. 국제기구에서는 출신대학보다 전공과 학위 여부가 더 중요시된다. 따라서 자신이 원하는 진출 희망분야를 먼저 결정한 후, 그 분야의 학위를 취득하는 것이 필요하다. 특히 정치, 경제, 경영, 금융 등 사회과학·상경계열 전공은 대부분의 국제기구

업무와 연관이 있기 때문에 진출범위가 넓다. 또 넓은 경험이 요구되기 때문에 지원 분야 업무와 관련된 민간기업, 정부기관, 공기업, 비정부기구 등에서 경력을 쌓으면 유리하다. 국제기구 취업을 희망하는 사람이라면 외교통상부의 JPO(Junior Professional Officer, 국제기구 초급전문가) 제도에 도전하는 게 좋다. 파견국 정부가 비용 일체를 부담하는 조건하에 국제기구에 수습직원을 파견해 근무하는 제도로 계약이 끝난 뒤에는 정식 직원으로 채용될 가능성이 높다. JPO는 정식직원과 같은 혜택과 대우를 받는다.[20]

뉴욕 유엔본부를 비롯해, UNDP(유엔개발계획)와 UNICEF(유엔아동기금) 등 유엔 직속기구에 근무하는 직원들은 현재 3만 1000여 명, 사무총장이 정치적으로 임명하는 사무차장과 사무차장보 등 정무직은 모두 40여 명이다. 공개경쟁을 통해 뽑는 사무관·서기관·과장·국장 등 일반직 간부는 9355명, 행정보조직원은 2만1193명이다.[21]

또한 한미 FTA 이후 전도유망한 직업군이 있다. 바로 국제협상·회의 관련 전문 인력이 그것이다. 앞으로 EU, 중국, 일본과의 FTA 협상이 진행될 예정이고, 국내외 기업 간 교류가 활발해지면서 국제적 회의도 늘어날 것이기 때문이다. 법률 분야에서는 국제노동법이나 기업 인수합병, 구조조정을 전문으로 취급하는 변호사가 전도유망하다. 또한 온라인 저작권이 강화됨에 따라 국내 인터넷 업계를 중심으로 저작권 전문가에 대한 수요도 늘어날 것이다.[22]

한국의 글로벌 리더들

한국 역사상 최초의 글로벌 리더, 장보고

우리나라의 북쪽은 강대국의 벽으로 가로막혀 있지만, 남쪽은 태평양을 향해 열려 있다. 우리 역사상 남쪽으로 열린 바다를 통하여 동북아시아 바다를 지배한 인물이 있었다. 바로 장보고이다. 장보고는 8세기 말 통일신라시대 때, 완도 부근의 한 섬에서 미천한 신분으로 태어났다. 장보고는 어렸을 때 당나라로 건너갔다. 당시 당은 통일신라에 비해 상대적으로 개방적이었고, 외국인에게도 재능 여부에 따라 관직을 부여하였다. 장보고는 두목杜牧 같은 당대의 시인으로부터 영웅적인 인물로 평가 받을 정도의 무장武將으로 출세했다. 신라 흥덕왕 3년(828) 당나라에서 돌아온 장보고는 왕을 알현하면서 "지금 중국 해적들이 우리 신라 사람을 잡아다 노비로 파는 일이 빈번하게 벌어지고 있으니, 대왕께서는 청해(전남 완도)에 진을 설치하여 해적들이 노략질을 하지 못하게 하옵소서" 하고 아뢰었다. 이에 흥덕왕은 흔쾌히 병사 1만의 군진을 설치하도록 허락하고 장보고를 책임자인 대사大使에 임명하였다. 장보고는 청해진 대사로 임명된 후 해적을 소탕하고 국가 간의 무역을 장려함으로써 동북아 해상을 지배했다. 청해진에서 당과 일본은 물론 아라비아와 페르시아 상인들과도 교류가 이루어졌다. 민군民軍 1만여 명과 그에 딸린 가족들까지 포함된 해상왕국의 질서를 지키며 제 기능을 발휘하게 만들기 위해서는 탁월한 리더십이 필수였다. 장보고는 다양한 인력과 기능이 복합된 청해진을 중심으로 광활한 활동영역을 일사분란하게 경영하였다. 그는 상이한 문화와 국경을 망라하는 글로벌 네트워크의 지휘자로서 가장 필요한 덕목인 포용력을 가지고 있었다. 국가별로 드러나는 문화적 차이를 인정할 줄 알았으며, 다양한 인재를 포용할 수 있는 도량을 지니고 있었다. 신라, 당, 일본에 흩어져 있던 재외 신라인들을 하나의 네트워크 아래 결집시킨 장보고는 우리나라 역사상 최초의 국제인이었다.[23]

한국 최초의 UN 전문기구 CEO, 이종욱 박사

이종욱 박사는 한국인 최초의 UN(United Nations, 국제연합) 전문기구 최고 책임자였다. 이 박사는 어려서부터 자립심이 매우 강했다. 경복고등학교에 다닐 때, 종로구청장을 지낸 아버지가 돌아가시자, 과외교사를 하면서 스스로 학비를 벌 만큼 강한 자립심을 가지고 있었다. 또한 강한 리더십의 소유자로 따르는 후배가 많았다. 이종욱은 그들의 정신적인 리더였다. 그는 서울대 공대를 졸업한 후에 다시 서울대 의대로 진학하였는데, 이는 봉사하는 삶을 살고자 하는 결심에서 나온 결정이었다. 이후 대학 재학 중에 경기도 안양에 있는 성 나자로 마을에서 한센병 환자들을 돌보던 시절, 일본에서 모금한 돈으로 한국의 한센병 환자들을 간호하고 있던 가부라키 레이코(鏑木玲子)를 만나 결혼하였다. 이종욱은 서른여섯의 나이에 남태평양의 조그만 섬나라 사모아의 린든 B. 존슨 병원의 의사로 일했다. WHO(World Health Organization, 세계보건기구)와의 인연은 WHO 남태평양 지역사무처에서 의료봉사활동을 시작하며 맺었다. 이 박사는 사모아에서도 열정적으로 한센병 환자를 돌보았다. 더욱 많은 사람들을 치료하고 싶어서 WHO 서태평양 지역사무처의 한센병 자문관으로 국제기구 생활을 시작하였다. 이 박사는 2003년 한국인 최초로 WHO 사무총장으로 취임했다. 에이즈에 맞서 '3 by 5'(2005년까지 개발도상국 거주 300만 명에게 항에이즈 바이러스 치료제 제공) 사업을 벌였고, AI(조류인플루엔자) 확산 방지, 소아마비와 결핵 예방, 흡연 규제 등으로 탁월한 지도력을 인정받았다. 관행상 사무총장은 국가원수 급 예우를 받지만 그는 청빈하게 생활하였다. "가난한

나라가 낸 분담금도 있는데 그 돈으로 호강할 순 없다"며, 1500cc 하이브리드 차를 승용차로 몰았고, 비행기를 탈 때도 항상 1등석 대신 2등석을 고집했다. 흔한 아파트 한 채도 갖고 있지 않았다. 평생을 가난하고 소외된 사람들을 위해 봉사하는 삶을 살았기에 사람들은 그를 '아시아의 슈바이처'라고 불렀다. 『사이언티픽 아메리칸』은 소아마비 발생률을 세계 인구 1만 명당 1명 이하로 낮춘 그를 '백신의 황제'라고 칭했다. 『타임』은 '세계에서 가장 영향력 있는 100인'으로 선정했다. WHO 내에서도 '작은 거인' 'a Man of Action'으로 불렸다. 이 박사는 국제기구에서 일하고 싶어 하는 젊은이들에게 화려하고 편협한 외교관의 모습을 상상하지 말라고 충고했다. 국제기구에서는 편협한 인종주의와 속 좁은 애국심으로는 버틸 수 없으며, '열정 없이 이런 일을 하는 것은 죄악'이라고까지 말했다. 또한 외교관의 덕목으로 추진력을 꼽으면서, "하려고 하는 일은 일단 시작해서 밀고 나가야 한다. 그리고 이 일이 과연 옳은 일이고 인류를 위해서 반드시 해야 하는 일인가에 대해서만 고민해야 한다"고 말했다. 2006년 5월 22일, 이종욱 박사는 WHO 총회 준비 도중 과로로 쓰러져 이 세상을 떠났다. 전 세계는 '세상에서 가장 큰 의사'를 잃어 슬퍼하였다.[24]

유엔 사무총장의 꿈을 이룬 소년, 반기문

제8대 유엔 사무총장으로 반기문 외교통상부 장관이 선출

되었다. 유엔 사무총장은 192개 유엔 회원국의 대표로, '지구촌 대통령'이라 불린다. 현재 분단국가인 대한민국에서 세계 평화를 실현하는 유엔의 수장首長인 사무총장을 배출한 것은 역사적으로 매우 의미 있는 일이다.

소년 반기문은 초등학교 6학년 때 다그 함마르셸드 유엔 사무총장에게 헝가리 국민봉기에 대한 탄원서를 보냈다. 소련군이 헝가리를 무력으로 침공했기 때문이었다. "존경하는 함마르셸드 유엔 사무총장님! 헝가리 사람들이 자유를 위해 공산주의에 맞서 싸우고 있습니다. 세계의 평화를 위해 일하는 유엔에서 그들을 도와야 합니다." 당시 시골 초등학생으로서는 매우 획기적인 생각을 한 것이다. 어쩌면 그때부터 유엔 사무총장의 꿈을 품기 시작했는지 모른다. 그가 중학교 3학년 겨울방학 때의 일이다. 반기문은 영어 교과서를 다 떼고 나니 읽을거리가 마땅치 않았다. 모아둔 용돈으로, 당시 미군부대에서 흘러나온 영자신문과 잡지를 파는 가게에서 영어 잡지 『타임Time』을 샀다. 미국과 소련을 중심으로 한 국제 정치 이야기, 과학기술 이야기 등이 실린 『타임』을 읽으며 조금씩 큰 세계에 대해 눈을 뜨기 시작했다. 그러다 고2 때 훌륭한 선생님 한 분을 만났다. 그 분은 영어를 가르치는 김성태 선생님으로, 학생들을 지도하는 데 무척 열성적이었다. 선생님은 공부를 잘하거나 모범적인 학생들을 골라 청소년적십자단(RCY, Red Cross Youth)에 가입시켰다. 선생님은 반기문 군에게 비스타(VISTA, Visit of International Student to America)라는 미국 연수 프로그램을 알려주었다. 비스타는 미국 적십자에서 해마다 세계 각국의 청소년들을 미국으로 초청하여 한 달 동안 연수를 실시하는 글로벌 프로그램이었다. 비스타로 가기 위해서는 서울에서 개최하는 영어경시대회에서 최고 점수를 받아야 했다. 대회 결과, 충주 소년 반기문은 서울의 명문고 학생들을 전부 물리치고 최고의 점수를 받았다. 그리하여 미국에 도착한 뒤, 한 달간 연수와 봉사활동에 들어갔다. 그 기간 중에 소년 반기문에게 가장 뜻 깊었던 일은 미국 대통령인 케네디를 만난 것이다. 대통령은 한국에서 온 소년에게 장래 희망을 물어보았다. 소년은 망설임 없이 "외교관입니다"라고 말했다. 대통령은 그 대답을 듣고는 빙그레 웃으며 자리를 떠났다. 소년 반기문은 그 꿈을 이루어 40여 년 만에 세계 최고의 외교관 자리에 선 것이다.[25]

신을 감동시킨 세계적 골퍼 최경주

"신이 우즈를 선택했다면 최경주는 신을 감동시켰다"라는 말이 있다. 골프 황제 타이거 우즈가 주최한 대회인 미국 PGA 투어 AT&T 내셔널에서 최경주는 짜릿한 역전 우승을 하며 '세계 빅4'로 부상했다. 세계 언론과 전문가들은 우즈와 최경주를 비교해가며 다양한 기사를 썼다. 최경주는 우즈가 갖지 못한 것을 가지고 있다는 극찬을 받았다. 최경주와 우즈의 골프 출발은 환경부터가 너무 달랐다. 우즈가 3살 때부터 '골프

신동'이라는 평가를 받으며 조기골프 교육을 받은 반면, 최경주는 전남 완도에서 유년시절을 어렵게 보냈다. 주니어 시절 우즈는 IMG와 나이키의 지원 속에서 탄탄하게 골프 실력을 쌓아갔지만, 최경주는 역도를 하면 학비를 면제해준다는 말을 듣고 열세 살 때 40kg짜리 바벨을 들어야 했다. 최경주는 이후에 자신이 역도로 성공할 수 없음을 깨닫고 주니어 시절에 종목을 골프로 바꿨다. 그는 성공을 위해 상경의 길을 택했다. 완도를 떠나오던 날, 아버지는 최경주를 경운기에 태우고 선착장으로 향하며 다시 한 번 잘 생각해보기를 권했다. 그러나 최경주는 변화를 두려워하지 않았다. 레슨비가 없었던 최경주는 연습장에서 먹고 자면서 독학으로 골프를 익혔다. 그는 선배들의 스윙을 지켜보면서 손님이 없는 늦은 시간을 이용해 실력을 쌓아갔다. 레슨 받는 것을 상상조차 할 수 없었던 그에게 유일한 스승은 잭 니클라우스 비디오와 골프 관련 책뿐이었다. 최경주가 강한 정신력의 소유자가 된 것은 변화를 두려워하지 않는 도전정신 덕분이었다. 그의 도전정신은 섬에서 태어나 성난 파도와 부딪쳐 가면서 만들어진 것이다. 그가 완도의 거친 바다 모래에서 익힌 천하무적 벙커샷은 우즈도 가르쳐달라고 할 만큼 예술에 가까운 기술이다. 또한 최경주는 우즈가 가지고 있지 않은 '탱크 정신'이 있었다. 그는 단 한 번도 자신이 잘못되리라고 생각하지 않는 확고함을 가지고 있었고, 연습벌레라는 소리를 들을 정도로 끊임없이 연습을 거듭했다. 또한 그는 남몰래 '이웃사랑'을 실천하는 신앙심의 소유자이기도 하다.26) 최경주는 한국인으로서 애국심과 자긍심이 매우 강해, 경기 때마다 가방과 신발에 태극기를 붙이고 다닌다. "태극기가 힘을 준다. 그리고 태극기는 행동거지도 조심하게 한다. PGA 첫 한국 선수로서 늘 자랑스럽게 생각하고 있다." PGA 투어 AT&T 내셔널 우승을 차지하고 최경주가 한 말이다.27)

한국의 차세대 글로벌 리더

다보스포럼은 세계를 이끌어가는 정치와 경제, 미디어 리더들이 스위스의 휴양지 다보스에 모여 지구촌 현안을 논의하는 국제적인 포럼으로 공식 명칭은 '세계경제포럼(WEF, World Economic Forum)'이다. 매년 1월 스위스 다보스에서 연차총회를 열어 지구촌 화두를 제시하기 때문에 '다보스포럼'이라는 별칭이 붙었다. 세계적인 기업인은 물론 세계 각국의 정상과 학자들이 한 곳에 모이기 때문에 '민간UN기구'라고도 불린다. 이 포럼에서는 2004년부터 매년 전 세계의 젊은 인재들 중에서 '차세대 지도자(Young Global Leader)' 250명을 선정하고 있다. 이들은 국가를 대표할 인재인 동시에 세계를 이끌어갈 차세대 유망주들이다. 차세대 지도자는 추천받은 40세 이하 연령의 전 세계 후보 4000여 명 가운데 직업 세계에서의 성취도와 사회에 대한 헌신, 미래를 이끌 잠재력 등을 종합 평가해 선정한다. 포럼은 '2007년 차세대 지도자'로 한국인 가운데 이재용 삼성전자 전무, 박지성 축구선수(맨체스터 유나이티드), 이해진 NHN 전략담당임원(CSO, Customer Satisfaction Officer), 조현상 효성 전략본부 전무 등 4명을 선정했다. 이재용 전무는 삼성전자의 최고고객책임자(CCO, Chief Communication Officer)로서 고객과 성장을 키워드로 해 삼성의 또 다른 퀀텀 점프Quantum Jump(대약진)를 추구하는 전략을 수립하였다. 영국의 맨체스터 유나이티드 프로축구 팀에서 활약하고 있는 박지성 선수는 1999년 올림픽 국가대표 축구선수로 발탁된 뒤, 2002년 한일 월드컵에서 실력을 발휘한 스포츠계의 스타이다.28)

글로벌 리더를 향한 꿈

서울 여의도 전경련 회관 국제회의장. 무대에 올라간 광주 숭일고 2학년 김소라 양이 '김치 주제가'를 부르기 시작했다. 심사위원들이 어리둥절해 하는 사이, 김소라 양은 유창한 영어발음으로 '김치'와 '기무치'의 차이를 설명했다. 김소라 양은 '대한민국 학생 영어 말하기 대회'에서 고등부 최고상을 탔다. 김소라 양은 광주 토박이다. 해외는커녕 서울에 산 적도 없다. 원어민에게 영어를 배운 경험도 없다. 이번 영어 말하기 대회도 원고에서 제스처까지 모두 혼자 준비했다. 학교 영어 선생님이 원고 첨삭과 태도 교정을 조금 해주었을 뿐이다. 그런 김소라 양이 최고상을 받아 '미국 방문 한국학생 대표단원'에 선발되어 미국에 가게 된 것이다. 김소라 양은 영어 말하기

대회에서 자신이 "미래에 유엔 총회 각국 대표들 앞에서 대한 민국을 대표해 연설한다는 자신감을 갖고 발표했다"고 말했다.[29)

　"빌 게이츠의 마이크로소프트사가 미국이 자랑하는 회사가 된 것처럼 저도 한국이 자랑할 만한 세계적인 프로그램을 개발할 거예요." 남예슬 양은 한국정보올림피아드와 전국 초·중학생 IT 꿈나무 올림피아드에서 은상, 동상, 장려상을 받았다. 남예슬 양의 재능을 발견하고 키운 과정은 평범해서 오히려 독특하다. 어머니는 네 살이 넘어서도 한마디 말도 하지 않는 딸이 자폐아일지도 모른다는 걱정이 들었다. 어머니는 언니 오빠들과 함께 어울리면 말을 배울 수 있을 것 같아 유치원에 보냈다. 어머니의 걱정은 남예슬 양이 언어적 재능을 일찍 발견하는 데 결정적 역할을 했다. 독서를 유난히 좋아하는 남예슬 양을 위해 어머니는 온 가족의 시립도서관 대출카드를 만들었고, 주말이면 가족이 도서관에서 살았다. 이때 남예슬 양은 과학책을 비롯한 다양한 분야의 책 수백 권을 읽었다. 돈을 거의 들이지 않은 어머니의 평범한 선택은 남예슬 양의 상상력과 재능을 자극하는 계기가 되었다. 남예슬 양의 목표는 이미 초등학교 때 뚜렷했다. 초등학생 때부터 제2의 빌 게이츠를 꿈꿨다. 남예슬 양은 빌 게이츠가 다녔던 하버드대에서 컴퓨터공학을 전공하고 뇌과학과 인공지능 분야로 자신의 전문 분야를 좁혀 갈 계획을 가지고 있다.[30)

글로벌 리더 교육방법

세계적 음악가 정트리오의 어머니

"저희 7남매를 향한 어머니의 절대적인 믿음과 칭찬은 그 어떤 백 마디 교육보다 큰 채찍질이 되었습니다." (정명화, 첼리스트)

"우리 어머니는 생일이다 입학이다 해서 격식대로 때맞춰 챙겨주시는 것보다는 필요한 부분을 딱 집중해서 '셋업' 해주시는 그런 분이었어요. 대담하고, 한 번 결정하면 무서울 정도예요." (정경화, 바이올리니스트)

"어머니의 교육방법에는 세 가지 키포인트가 있어요. 먼저 아이들에게 맞는 것을 찾아주는 겁니다. 그런 다음 아이가 그것을 좋아하고 스스로 하겠다고 결정할 때까지 기다리는 겁니다. 마지막으로 아이가 결심을 하면 그때서야 아이가 그것을 공부할 수 있는 가장 효과적인 방법을 찾아내 지원해주셨습니다." (정명훈, 지휘자)

이상은 '나의 어머니 이원숙'에 대한 자녀들의 말이다. 정 트리오를 비롯한 7남매를 세계적인 음악가와 교수, 사업가, 의사로 키운 어머니 이원숙 씨의 교육 비결은 무엇일까? 이원숙 씨는 일곱이나 되는 자녀들을 키우면서 단 한 번도 아이들에게 자신의 욕심을 강요한 적이 없고, 자신의 조바심으로 아이들을 다그친 적도 없다고 말한다. 그저 아이들이 자기 재능을 활짝 꽃피울 수 있도록 기회를 만들어주고 최선을 다해 뒷받침했을 뿐이라 한다. 이원숙 씨는 자녀들을 키우면서 세 가지 사항은 절대로 하지 않겠다고 맹세했다. 첫째로 어떤 일이 있어도 자녀들에게 거짓말을 하지 않고, 둘째로 자녀들의 실수를 야단치지 않으며, 셋째로 칭찬거리가 아닌 것을 함부로 칭찬하지 않는 것이었다. 이원숙 씨가 자녀교육에서 가장 신경 썼던 것은 고된 훈련을 감내할 수 있도록 자녀들의 체력을 길러주는 것과 매일 꾸준히 연습하는 습관을 붙여주는 것이었다. 음악을 전공으로 택한 사람이라면 특히나 뼈를 깎는 연습을 감수해야 한다. 이원숙 씨의 자녀들 역시 음악을 전공으로 택한 후에는 손이 아파서 더 이상 연습을 할 수 없을 정도로 고된 훈련을 계속했다.

이원숙 씨는 자녀들을 실수를 두려워하지 않는 사람으로 키웠다. 정명훈 씨가 열네 살 때 일이다. 미국 시애틀에서 독주회가 열렸다. 너무 많은 청중이 몰려 어린 정명훈 군은 무척 긴장을 했다. 드디어 연주회가 시작되었다. 정명훈 군은 천천히 자리에 앉아 첫 곡으로 바흐를 침착하게 연주하기 시작했다. 그런데 갑자기 소리가 삐끗하고 말았다. 정명훈 군은 피아노 치던 손을 멈췄다. 그때 이원숙 씨는 '저 애가 저대로 주저앉으면 어쩌나' 싶어, 그 짧은 순간 동안 생애에서 가장 절실한 기도를 하였다고 한다. 그때였다. 바흐의 첫 부분이 다시 들려오기 시작했다. 그런데 아까 그 부분에서 또다시 소리가 삐끗하였다. 이원숙 씨는 이젠 눈을 감고 말았다. 그러나 다음 순간, 바흐의 첫 부분이 다시 연주되었다. 다시 처음으로 돌아가 아무렇지 않게 연주를 시작한 정명훈 군은 침착하게 그 곡을 모두 끝마쳤다. 어머니는 아들에게 "오늘 네 실수는 아주 시기적절한 것이었다. 참 잘 틀렸다. 지금 이런 무대에서 틀렸으니 망정이지 나중에 큰 무대에서 실수했다면 어쩔 뻔했니? 오늘 이렇게 틀려보았으니 좋은 경험을 쌓은 셈이지"라고 격려해 주었다.

정경화 씨가 세계 정상의 바이올리니스트로 이름을 날리기 시작할 때의 일이다. 정경화 씨는 어머니와 함께 런던 시내 식당에서 밥을 먹다 말고 엉엉 울음을 터뜨리며, "엄마, 나 이제 못하겠어요. 너무 힘들어요. 바이올린 그만두고 싶어요"라고 말했다. 정경화 씨의 위치는 남들이 보기에는 화려한 자리, 음악을 하는 이들에게는 부러운 자리에 있었다. 어머니는 "그래, 지금 당장 바이올린 그만두자꾸나. 사람이 먼저지 바이올린이 먼저냐? 너를 위해 바이올린을 해야지, 바이올린을 위해 바이올린을 해서야 되겠니? 우리가 소원했던 대로 한국인의 재능을 세계에 알리고 떨칠 수 있었으니 이제 이만하면 됐다. 너는 정말 넘치도록 이룬 거야. 엄마는 네가 정말 자랑스럽다. 우리 다음 일은 다음 아이들에게 맡기자"라고 따뜻한 위로의 말을 건넸다. 정경화 씨는 이때 일생에서 가장 큰 위로를 받았다고 한다.[31]

세계적 피아니스트 김선욱의 어머니

피아니스트 김선욱 군은 아시아 연주자로서는 처음으로 리즈 국제 피아노 콩쿠르에서 우승했다. 리즈 콩쿠르는 세계무대에서 활동하고 있는 거장들을 배출한, 권위 있는 음악 경연 대회이다. 우리나라에서도 정명훈 씨가 1975년에 4위, 서주희 씨가 1984년에 2위, 백혜선 씨가 1990년에 5위로 입상했지만 우승은 처음이었다. 2005년 클라라 하스킬 피아노 콩쿠르에서도 최연소로 우승했던 김선욱 군은 리즈 콩쿠르에서도 6명의 결선 진출자 가운데 최연소로 진출하는 등 '최연소' 기록을 항상 달고 다닌다.[32] 김선욱 군이 피아노를 처음 접한 시기는 만 세 살 때였다. 세 살 위인 형이 피아노 학원 차를 타고 가면 목 놓아 울던 김선욱 군에게 그때부터 피아노는 인생의 전부가 되었다. 초등학교 2학년 때, '베를린 필 상임지휘자'를 꿈꾸었다. 초등학교 3학년 때, 김선욱 군은 자신의 인생 계획을 적어놓은 수첩을 부모님께 보여드렸다. "2000년 쇼팽 콩쿠르 출전, 2002년 차이코프스키 콩쿠르 출전, 2003년 퀸 엘리자베스 콩쿠르 출전……." 초등학생이지만 영어 웹사이트에서 콩쿠르 일정을 모두 확인하고서 수첩에 꼼꼼하게 정리해 놓은 것이었다.[33]

김선욱 군의 어머니는 콩쿠르 우승 비결 몇 가지를 다음과 같이 알려주었다.[34]

1. 자립심 기르기: 김선욱 군의 부모는 맞벌이 부부라 일일이 아들을 따라다닐 시간이 없었다. 어릴 때부터 혼자서 전철을 타고 레슨이며 음악회를 다녔다.

2. 구체적인 꿈 갖기: 베를린 필 지휘자가 되는 게 꿈이었다. 초등학교 때 정명훈에게 빠져 엄마 몰래 신용카드를 갖고 나가 경매장에서 정명훈이 사용했던 지휘봉을 샀다.

3. 음악 골고루 듣기: '훌륭한 연주만큼 좋은 스승이 없다'라는 말을 믿고, 음악은 닥치는 대로 들었다. 초등학교 4학년 때부터 음악회에 다니는 습관이 들었다. 예술의전당 콘서트홀 2열 13번은 자기 자리라며 맨 먼저 예매한다.

4. 열중하기: 한 때는 지하철 티켓을 가격별·색깔별로 모으기도 하고, 야구 선수 이름을 줄줄 외우기도 했다. 좋아하는 음악이 있으면 연주자별로 음반을 다 구입한다.

5. 성급한 유학은 금물: 초등학교 때는 유학 떠나는 날짜까지 못 박아 놓고 부모를 졸랐지만 훌륭한 스승을 만나고 나서는 '모든 게 때가 있다'는 걸 깨달았다.

6. 강요하지 않기: 피아니스트가 되라고 강요한 적은 없다. 부모가 앞장서서 아이를 끌고 가기보다는 본인이 스스로 택한 길을 잠자코 뒷바라지해 주었다.

7. 체력 기르기: 어릴 때부터 축구·야구를 좋아했다. 왼손 투수 이상훈 선수를 특히 좋아해 왼손으로 벽에 공을 던져 맞히곤 했다. 덕분에 왼팔이 강해져서 세종체임버홀에서 2시간 30분짜리 독주회를 거뜬히 해냈다.

8. 따뜻한 관심: 부모가 해준 것은, 놓친 음악회의 TV 방송을 녹화해 주고, 음악회에 같이 가서 로비에서 기다리다가 연주자의 사인을 맨 먼저 받아 주고, 연습할 때 악보를 넘겨준 것이 전부였다.

세계적 문화평론가 이어령 교수의 어머니

20대 때 이미 문학평론가가 된 이어령 교수는 쓰는 책마다 베스트셀러가 되는 '언어의 마술사'이다. 그런 능력과 소질은 이어령 교수가 고백하듯이 어머니로부터 나온 것이다. 어머니는 전혀 글자를 모르던 어린 아이에게 책을 읽어주었다. 유대인들이 갓난아이가 귀가 들리기 시작하면 어머니는 아이를 무릎에 앉히고는 유대인의 역사책인 구약성경을 히브리어로 낭

마다 들려주는 것과 같은 교육 방식이었다. 그러한 어머니의 교육이 있었기에 훌륭한 문화평론가가 될 수 있었다. 이어령 교수의 어머니는 아이가 잠들기 전에 늘 아이 머리맡에서 앉아 책을 소리 내어 읽어주었다고 한다. 특히 아이가 감기에 걸려 신열이 높아지는 그런 때에는 『암굴왕』『무쇠탈』『흑두건』 같은 재미있는 소설책을 읽어 주었다. 이어령 교수는 '겨울에 지붕 위를 지나가는 밤바람 소리를 들으며, 여름에는 장맛비 소리를 들으며, 어머니의 하얀 손과 하얀 책의 세계를 방문했다' 고 회상하며, '어머니의 목소리가 담긴 근원적인 그 책 한 권이 나를 따라 다닌다. 그 환상적인 책은 60년 동안에 수천수만 권의 책이 되었고, 그 목소리는 나에게 수십 권의 글을 쓰게 하였다. 어머니는 내 환상의 도서관이었으며, 최초의 시요, 드라마였으며, 끝나지 않은 길고 긴 이야기책이었다'라고 고백한다.[35]

세계적 축구스타 앙리의 아버지

프랑스 출신의 세계적 축구선수인 티에리 앙리는 잉글랜드 프리미어리그 득점왕을 4번이나 차지했다. 앙리는 명예와 함께 막대한 부도 누리고 있다. 앙리의 연간 수입은 호나우지뉴(3270만 달러), 데이비드 베컴(2979만 달러)에 이어 3위(2140만 달러)이다. 앙리는 프랑스 빈민촌에서 가난한 이민 부부의 아들로 태어나 불우했던 청소년 시절을 딛고 성장했다. 앙리의 아버지는 프랑스령 서인도제도의 과달루프 출신이고, 어머니는 서인도제도 동부의 마르티니크 출신이다. 아버지는 경비원으로 일하였고, 어머니는 근처 학교의 기숙사에서 일했다. 앙리 가족은 방 2개짜리 작은 아파트에 살았는데, 1층에는 세네갈, 2층에는 포르투갈, 3층에는 서인도제도의 음식 냄새가 늘 풍겨 나왔다고 한다. 앙리의 아버지는 축구를 무척 좋아해 선수가 되고 싶었다. 그러나 할아버지와 할머니의 반대로 꿈을 접었다. 대신, 아들을 낳으면 마음껏 축구를 할 수 있게 해주겠다고 다짐했다. 앙리는 6살 때 처음으로 아버지를 따라 운동장에 가서 축구를 했다. 가난한 동네였지만, 축구장이 있었다. 아버지는 골키퍼 역할을 하면서 축구공을 굴려 주었다. 앙리 아버지는 다른 아버지들처럼 일부러 골을 먹어주지는 않았다. 앙리도 고집이 있어, 골을 넣기 전까지는 먼저 집에 가자는 얘기를 하지 않았다. 앙리 아버지는 앙리를 위한 축구 교육에 헌신적이었다. 경비원으로 일하던 아버지는 앙리를 축구 경기에 데리고 다니느라 직장에서 해고되기까지 했다. 앙리 아버지는 '내 아들은 프랑스 대표팀에서 뛰게 될 것'이라고 늘 말했다. 결국 앙리는 세계 최고의 축구선수가 되었다.[36]

글로벌 리더가 갖추어야 할 자질

리더가 갖추어야 할 4가지 자질

리더십 전문가는 리더가 갖추어야 할 자질로 몇 가지를 꼽는다.[37]

1. 성숙한 판단력: 리더는 먼저 자신의 위치에 맞는 경험과 교육의 기본 자질을 갖추어야 한다. 경험은 문제를 해결해 나갈 때 중요하게 작용하며, 교육은 훌륭한 판단력과 의사결정을 하는 데 필요하다.

2. 성실성: 성실성은 리더에게 가장 중요한 자질이다. 이것은 다른 사람과 공유하는 목표에 대한 정직성이고, 자신

에게 맡겨진 것에 대한 책임감을 의미한다.

　3. 변화에의 민감성: 리더에게는 변화를 재빨리 감지할 수 있는 능력이 필요하다. 변화의 추이를 초기에 찾아 알맞은 시기에 대응하면 결과를 성공적으로 이끌 수 있다.

　4. 상상력: 조직의 성공은 리더의 창의성에 달려있다. 리더가 문제해결을 위해 상상력을 얼마나, 어떻게 발휘하는지가 무척 중요하다.

세계 민주시민 정신

　글로벌 리더가 되기 위해서는 지식과 기능, 가치, 태도 측면에서 필요한 능력을 갖추어야 한다.

　'지식과 기능' 측면에서는 세계 변화를 인식할 수 있는 민감성과, 세계의 역사·정치·경제·사회·문화 등에 대한 폭넓은 지식과, 외국인과 소통할 수 있는 어학적 능력, 갖가지 세계정보를 선별할 수 있는 정보처리 능력과, 원만한 대인관계 기술, 상황에 따른 합리인 판단 능력, 비전 창출 능력, 가치판단 능력, 구체적인 목표 수립 능력, 조직화 능력이 필요하다.

　'가치' 측면에서는 세계 시민적 사고방식과, 대한민국 국민으로서의 주체성이 필요하다. 그리고 변화에 대응할 수 있는 능동성과 변화지향적인 가치관을 함께 지녀야 하며, 민주시민으로서의 자질을 갖추어야 한다.

　'태도' 측면에서는 세계 각국의 다양한 문화를 이해하고 수

용할 수 있는 개방적인 태도와 실천하는 자세, 그리고 개인의 영달보다는 인류공동의 평화와 발전을 위해 일하고 노력하는 세계 민주시민 정신이 필요하다.[38]

언어·비전·자세·가치

경영전문가 공병호 박사는 글로벌 인재에게 네 가지 요소가 필요하다고 말한다.[39]

1. 언어(Language): 국내 유수 기업들은 주로 외국 출신의 CEO를 영입한다. 이는 세계를 무대로 활동하는 경영인에게 필수적인 언어 능력 때문이다.

2. 비전(Vision): 목표를 정하여 도전하고 성취하는 것은 크든 작든 성장을 유도한다. 목표의식 없이는 성공하기 힘들다. 비전을 가질 수 있는 계기를 만들어주어야 한다.

3. 자세(Attitude): 글로벌 인재가 되기 위해서는 진지함과 성실성 같은 기본적인 자세를 갖추어야 한다. 아무리 능력이 뛰어나도 기본자세가 갖추어지지 않으면 다른 사람과 함께 주어진 목표를 달성할 수 없다.

4. 가치(Value): 무엇이든 자신이 지키고 추구해야 할 가치를 스스로 찾아야 한다. 가치 부여는 자신의 인생을 행복하게 할 수 있는 비결이 된다.

공 박사는 이와 함께 특정 분야에서 전문성을 갖추고 창의적인 사고를 한다면 시대가 원하는 글로벌 인재로 성장할 수 있다고 말한다.

5C Quotient

한국 최초의 국제회의 통역사인 최정화 교수(한국외대 통역번역대학원)는 30여 년 동안 국제 통역 현장에서 수많은 글로벌 리더를 만났다. 자신의 통역 경험을 바탕으로 『엔젤 아우라 *Angel Aura*』라는 책을 펴냈다. 최 교수는 '엔젤 아우라'를 다섯 가지 CQ(협력·소통·문화·집중·창의력 지수)로 나눠 '성공의 법칙'을 소개하였다. 김수환 추기경은 영어, 프랑스어, 독어, 이탈리아어, 일어 등을 말할 수 있다. 그런데 각국 기자들과 인터뷰 시, 독일이나 이탈리아 기자의 질문에는 그 나라 말로 직접 답변을 하지만, 프랑스 기자의 질문에는 통역을 맡고 있는 최정화 교수가 프랑스에서 공부했음을 고려하여 최 교수로 하여금 통역·답변토록 했다. 이는 상대를 포용하고 배려하는 협력지수(Cooperation Quotient)가 높음을 의미한다. 반기문 유엔 사무총장, 자크 시라크 전 프랑스 대통령, 빌 게이츠 마이크로소프트사 회장, 나루히토 일본 왕세자, 주룽지 전 중국 총리도 협력지수가 높은 리더이다. 소통지수(Communication Quotient)가 높은 인물로는 순간순간 적절한 비유를 사용하는 이어령 전 문화부 장관과 빌 클린턴 전 미국 대통령을 꼽는다. 세계적 디자이너

피에르 카르댕은 다른 사람의 장점과 조언을 수용해 자신을 발전시키는 문화지수(Culture Quotient)가 높은 리더이다. 무대의 삶과 일상의 삶 간의 균형을 유지하는 지휘자 정명훈, 말년을 아내와 지내기 위해 대통령 선거 불출마를 선언한 자크 들로르 전 유럽연합(EU) 집행위원장은 한 가지에 몰두하는 집중지수(Concentration Quotient)가 높은 리더이다. 메모 습관이 몸에 밴 한승수 평창동계올림픽유치위원장, 프랑수아 미테랑 전 프랑스 대통령은 창의력 지수(Creativity Quotient)가 높은 리더이다.[40]

몸 다스리기

송나라의 성리학자인 주자朱子(1130~1200)에 따르면 『대학大學』은 대인大人의 학문, 즉 군자君子로서의 올바른 행실을 가르치는 학문이다. 대인, 군자는 요즘 말로 글로벌 리더라 할 수 있다. 대학에는 3강령綱領과 8조목條目이 있다. "천하를 다스리고자(평천하平天下) 한 사람은 먼저 그 나라를 다스렸으며 (치국治國), 그 나라를 다스리고자 한 사람은 먼저 그 집을 다스렸고(제가齊家), 그 집을 다스리고자 한 사람은 그 몸을 다스렸다(수신修身). 그 몸을 다스리고자 한 사람은 먼저 그 마음을 다스렸고(정심正心), 그 마음을 다스리고자 한 사람은 먼저 그 뜻을 참되게 했으며(성의誠意), 그 뜻을 참되게 하고자 한 사람은 먼저 그 앎을 이루었다(치지致知). 앎을 이루는 것은 사물을 궁구함에 있다(격물格物)."[41] 따라서 천하를 다스리고자 하는 사람은 우선 자신의 몸을 다스려야 한다. 수신修身은 '악을 물리치고 선을 북돋아서 마음과 행실을 바르게 닦아 수양함'을 뜻한다. 즉, 몸과 마음이 함께 건강함을 말한다.

구용 구사

우리나라가 낳은 세계적 유학자인 율곡 이이李珥(1536~1584)는 조선시대 때 정치가, 교육가로 큰 업적을 남겼다. 그가 지은 『격몽요설擊蒙要訣』은 글로벌 리더를 꿈꾸는 사람들이라면 언제든 곱씹어봐야 할 좋은 경구警句로 가득하다. 율곡은 몸가짐에는 아홉 가지 태도(구용九容)보다 더 중요한 것이 없고, 배움에 나아가고 지혜를 더하는 데에는 아홉 가지 생각(구사九思)보다 더 중요한 것은 없다고 말했다.

'아홉 가지 태도'라는 것은, "걸음걸이는 무겁게 하고, 손은 공손하게 가지며, 눈은 바르게 뜨며, 입은 다물고 있으며, 말소리는 조용히 하며, 머리는 곧게 들며, 숨소리는 정숙하게 하며, 서 있는 모습은 의젓해야 하며, 얼굴빛은 위엄이 있게 한다"는 것이다.

'아홉 가지 생각'이라는 것은, "볼 때는 환히 볼 것을 생각하고, 들을 때는 똑똑하게 들을 것을 생각하고, 안색은 온화하게 가질 것을 생각하고, 태도는 공손할 것을 생각하고, 말은 진실될 것을 생각하고, 일할 때는 조심할 것을 생각하고, 의심날 때는 물어볼 것을 생각하고, 화가 날 때는 곤란하게 될 것

을 생각하고, 이득이 생기면 의리를 생각해야 한다"는 것이
다.42)

차분·담백·투명

'만고의 충절' '탁월한 지략가' '세상에 둘도 없는 명재상'
이라는 칭송과 함께 중국인들이 가장 존경하는 인물이 제갈량
諸葛亮(181~234)이다. 제갈량은 그의 호를 따서 흔히 '제갈공
명' 또는 '공명 선생'으로 불린다. 삼국지에서 유비가 공명의
명성을 듣고 '삼고초려三顧草廬'한 일화는 유명하다. 유비가
"내게 공명이 있음은 물고기에게 물이 있는 것과 같다"라는
유명한 말을 남길 정도였다. 이러한 제갈량이 아들인 제갈첨
에게 보낸 편지를 「계자서誡子書」라 부르는데 역대 중국 가정
의 자녀교육에 매우 큰 영향을 미친 글이다. 제갈량은 편지를
통해 아들에게 몇 가지 충고를 했다.

무릇 사내(군자)의 행동은 차분함으로 자신을 수양하고
근검절약으로 덕을 기르는 것이다. 맑고 투명하지 않으면
뜻을 바로 세울 수 없으며, 냉정하지 않으면 멀리 내다볼 수
없다. 모름지기 배움이란 차분해야만 뜻을 지극히 할 수 있
다. 타고난 것이 아니라면 노력해서 배우지 않으면 안 된다.
노력하여 배우지 않으면 재능을 넓힐 수 없고, 뜻을 세우지
않으면 배운 바를 성취할 수 없다. 게을러서는 분발하여 정

진할 수 없고, 사납고 급해서는 좋은 품성을 가질 수 없다. 나이는 세월과 함께 흘러가고 세웠던 의지도 시간과 함께 사라져 끝내 아무것도 이루지 못한 채 허름한 초가집만 처량하게 지킨다면 그때 가서 후회한들 때는 늦으리라.[43]

세심한 경청

미국 화폐 1센트짜리 동전에는 미국 사람들이 제일 존경하는 인물인 에이브러햄 링컨Abraham Lincoln(1809~1865)의 얼굴이 새겨져 있다. 구리 동전 속의 링컨 얼굴에서 수북한 수염이 인상적이다. 링컨의 상징이라 할 수 있는 이 수염과 관련된 재미있는 일화가 있다. 1860년 10월, 미국 대통령 선거전이 한창 열기를 뿜고 있을 무렵이었다. 시골 조그만 마을에 살고 있는 한 소녀가 한 장의 그림을 들여다보고 있었다. 수척한 얼굴, 움푹 팬 두 볼은 무시무시했다. 두려운 생각이 들 정도였다. 그림의 주인공은 바로 공화당 대통령 후보인 링컨이었다. 소녀는 펜을 들어 편지를 썼다. 링컨의 얼굴이 너무 홀쭉하니 수염을 기른다면 지금보다 훨씬 좋게 보여 틀림없이 대통령에 당선될 것이라는 내용의 편지였다. 편지는 선거본부로 전달되었고, 링컨은 바로 시골 소녀에게 답장을 보냈다. 지금 새삼스럽게 수염을 기른다면 사람들이 자신을 바보 같은 사람이라고 흉볼 것이라는 내용이 담긴 답장이었다. 대통령 선거는 그해 겨울에 있었고, 링컨은 선거에서 승리하여 대통령이 되었다.

이듬해 백악관으로 가는 특별열차가 링컨을 싣고 그 소녀의 동네 가까운 정거장에 잠시 머무른다는 소식이 전해졌다. 소녀는 벅찬 흥분 속에 정거장으로 나갔다. 대통령을 실은 열차는 플랫폼으로 들어왔다. 대통령의 즉석연설이 시작되었다. 소녀는 키가 작아서 대통령의 모습을 보지 못한 채 말만 들을 수밖에 없었다. "이 마을에는 나와 편지를 주고받은 소녀가 있습니다. 그 소녀는 이 못생긴 제 얼굴을 어떻게 하면 좀 더 낫게 보이게 할까를 알고 있었습니다. 만일 그 소녀가 여기 이 자리에 있다면, 만나서 이야기를 나누고 싶습니다. 소녀의 이름은 '그레이스 베델'입니다." 이 말을 들은 소녀는 가슴이 마구 뛰었다. 미국 대통령과 같은 위대한 사람이 이 조그만 마을에 찾아와 자기 이름을 잊지 않고 불러준다는 것에 크게 감격하였다. 소녀는 아버지의 손을 잡고 대통령 앞으로 나갔다. 대통령의 얼굴을 들여다보았다. 대통령의 두 뺨과 턱은 무성한 수염으로 덮여 있었다.[44]

글로벌 리더에게 필요한 습관

성공 습관 7가지

한영외고 가기(tosel 740점 넘겨서 특별전형 시험보기) →
고려대 졸업할 때까지 장학금으로 생활 → 하버드대 교환학
생 → 24세에 삼성 입사 후 5년간 일하고 사표 →
WATY-M의 글로벌 CEO

이는 중학교 3학년 고한준 군의 책상에 붙어 있는 '10년 계
획'의 내용이다. 고한준 군은 컴퓨터 게임을 무척 좋아했다.
수업이 끝나면 친구들과 PC방에 몰려가 각종 게임에 빠져 늘
밤늦게 귀가했다. 장래 계획이 없었던 것이다. 하지만 한 리더

십센터에서 운영하는 프로그램을 듣고 나서부터 변화되었다. '미래의 CEO가 되겠다'라는 목표를 정해 놓고 보니 게임하는 시간이 아까웠다. 15분 단위로 계획을 짜 시간을 관리하기 시작했다. 구체적인 꿈을 가지면서부터 생활이 획기적으로 달라진 것이다.

<성공하는 아이들 7가지 습관>은 '자신의 일을 스스로 선택하고 책임진다. 목표를 정하고 행동한다. 소중한 것부터 먼저 한다. 너도 좋고 나도 좋은 것을 한다. 먼저 잘 듣고 난 후에 말한다. 여럿이 함께 해 더 큰 것을 이룬다. 몸도 마음도 튼튼하도록 스스로 돌본다'이다. 반면에 <실패하는 아이들 7가지 습관>은 '기분대로, 느끼는 대로 행동하며 남의 탓을 한다. 결과에 대한 생각 없이 닥치는 대로 행동한다. 소중한 것보다 눈앞에 닥친 급한 일부터 한다. 내 이익과 기분만 생각한다. 내 말을 먼저 하여 나만 이해 받으려 한다. 내 뜻대로 안 되면 다른 사람과 함께 하지 않는다. 하고 싶은 일만 하면서 몸과 마음을 돌보지 않는다'이다.[45)]

기천(己千) 정신

중국의 사서四書 중 하나인 『중용中庸』은 공자의 손자인 자사子思가 지은 것으로 알려져 있다. 중용에는 모든 인간관계의 기본이 적혀 있다. 한쪽으로 치우치지 않고 넘치지도 모자라지도 않는 것이 중中이요, 늘 평상심을 유지하는 것이 용庸

이다. 다시 말해 중용은 평균대 위의 체조 선수가 균형을 잡기 위해 쉴 새 없이 고민하며 순간순간을 판단하는 것과 같은 역동적인 삶의 방식이다. 중용의 다섯 가지 실천법도는 리더십의 핵심이다.[46]

1. 박학博學: 자기의 전공 분야만 운운하는 사람에게서는 혁신적 발상이 나올 수 없다.
2. 심문審問: 무엇이든 깊게 물어봐야 완전하고 좋은 대답을 얻을 수 있다.
3. 신사愼思: 한 번 생각할 것을 여러 번 생각하는 습관이 성공을 부른다.
4. 명변明辯: 판단이 확실해야 일이 제대로 시행된다.
5. 독행篤行: 다른 사람이 한 번에 그 일을 해내면 나는 백 번, 천 번이라도 해낸다는 기천己千 정신, 즉 끝장정신이 성공의 지름길이다.

칭기스칸의 꿈꾸기

지금부터 800년 전에 21세기를 살다 간 사람들이 있었다. 유라시아의 광활한 초원에서 살았던 칭기스칸과 그의 부족들이다. 그들은 나무도 없는 황무지를 떠돌아다니는 유목민이었다. 때문에 칭기스칸은 글을 몰랐다. 앞날을 기약할 수 없는 이동과 끊임없는 전쟁, 잔인한 약탈이 그가 배울 수 있는 전부였다. 칭기스칸은 선대로부터 이어오던 오랜 싸움을 종식시키고 몽골 고원을 통일한 다음, 바깥세상으로 달려 나갔다. 칭기스칸 시대에 정복한 땅은 777만 제곱킬로미터에 이른다. 알렉산더(348만)와 나폴레옹(115만)과 히틀러(219만), 이 세 정복자가 차지한 땅을 합한 것보다 더 넓다. 칭기즈칸과 함께한 이들의 성공 비결을 한 마디로 요약하면 '꿈'이다. 그들은 한 사람이 꿈을 꾸면 꿈으로 끝날지 모를 일을 만인이 꿈을 꾸면 얼마든지 현실로 이루어낼 수 있다는 신념을 지녔던 것이다.[47]

로알드 달의 일기 쓰기

사소한 습관 하나가 위대한 작가를 만들고 철학자를 만든다. 『찰리와 초콜릿 공장』 『마틸다』 등으로 잘 알려진 로알드 달Roald Dahl(1916~1990)이 세계적인 동화작가로 우뚝 설 수 있었던 데에는 여덟 살 때부터 쓴 '비밀일기'가 있었다. 그는 마당에 있는 나무 꼭대기에 올라가 매일 일기를 썼다. 일기 쓰기 습관은 아버지로부터 물려받았다.

철학자 앙리 프레데릭 아미엘Henri-Frédéric Amiel(1821~1881)은 철학보다 일기로 더 알려진 사람이다. 평생을 독신으로 산 그는 18세 때부터 60세까지 일기를 썼다. 그는 "일기는 인간의 위안이자 치유, 영원과 내면의 대화, 펜을 든 명상"이라고 했다. 아미엘이 42년간 쓴 일기가 바로 불후의 걸작이 된 『아미엘의 일기』이다.

레프 니콜라예비치 톨스토이Lev Nikolaevich Tolstoi(1828~1910) 는 19세 때인 1847년부터 생애의 마지막 순간까지 무려 63년 동안 일기를 썼다. 평생 쓴 일기 분량이 20권에 이른다. 톨스토이는 어릴 적에 부모를 모두 잃고도 위대한 문학가, 사상가로 우뚝 섰다. 불우하게 자란 톨스토이가 세계적인 작가로 명성을 누릴 수 있었던 것은 바로 일기 쓰기 때문이었다.[48]

빌 게이츠의 똑똑한 친구 사귀기

오늘의 빌 게이츠가 있게 된 중요한 요인 중 하나로 '똑똑한 친구'를 들 수 있다. 빌 게이츠는 명문학교에서 만난 두 명의 친구 덕분에 컴퓨터 황제에 오를 수 있었고, 세계 최고의 갑부가 될 수 있었다. 두 친구는 빌 게이츠의 단점을 완벽하게 보완해 준 똑똑한 친구들이었다. 빌 게이츠는 시애틀의 한 사립 명문학교를 다녔는데, 이곳에서 컴퓨터광인 폴 앨런을 만나 컴퓨터에 눈을 뜨게 되었다. 폴 앨런은 1975년 빌 게이츠와 함께 마이크로소프트사를 창업했다. 또한 하버드대학에서 만난 스티브 발머(마이크로소프트사의 CEO) 덕분에 빌 게이츠는 마이크로소프트사를 세계 최고의 회사로 만들 수 있었다.[49]

나폴레옹의 마상(馬上) 독서

글로벌 리더들은 책 읽기를 무척 즐긴다. 리더는 책과 신문을 통해서 아이디어를 얻고, 인생과 경영, 정치를 읽어낸다. 지식 습득의 올바른 방법은 책을 읽어서 이해하고 다시 읽어서 자신의 것으로 만드는 것이다. 리더들은 이 단순하고 위대한 진리를 따라서 매일 활자를 접한다. 나폴레옹은 전쟁터에서도 말 위에 앉아 책을 읽었다. 나폴레옹이 사람들에게 전쟁광이 아닌 영웅으로 남을 수 있었던 까닭은, 대문호 괴테와 음악가 베토벤까지 감동시킬 정도로 뛰어난 학식과 교양, 예술적 감각이 있었기 때문이다. 이는 늘 책을 잡는 습관에서 나왔다.「타이타닉」의 제임스 카메론 감독이나「다이하드2」의 레니 할린 감독 역시 어렸을 때부터 책벌레였다. 뿐만 아니라 그들은 작업을 하면서도 늘 손에서 책을 놓지 않는다.[50]

독서 기계, 토플러

　『제3의 물결』『권력 이동』『부의 미래』를 쓴 미래학자 토플러는 열정과 호기심이 많은 사람이다. 그는 세상 모든 일에 늘 관심과 의문을 갖고 있다. 토플러가 혼자 있을 때 가장 즐기는 것은 사색과 독서이다. 그는 책벌레라고 할 정도로 항상 책을 읽는다. 면도할 때도 옆에 책을 둔다. 이처럼 토플러가 책을 좋아하는 이유는 '다른 사람이 자신의 모든 것을 다 바쳐 연구한 것을 짧은 시간 안에 내 것으로 만들 수 있기 때문'이라고 말한다. 또한 토플러는 신문 중독자이기도 하다. 토플러는 '세상의 새로운 소식을 가득 담고 있는 신문이 호기심을 자극한다'고 말한다. 토플러는 아침마다 전 세계에서 배달되는 7가지의 신문을 손끝이 새까매지도록 꼼꼼히 읽으면서 하루를 시작한다. 토플러는 다양한 사람들과의 만남, 탐구심과 호기심, 사색과 독서, 관찰과 분석 등을 통해 세상에 대한 통찰력과 함께 미래를 읽는 안목을 얻고 있다.[51] 토플러는 우리나라 청소년들을 대상으로 한 강연에서 "미래는 예측(predict)하는 것이 아니라 상상(imaging) 하는 것이다. 한국 청소년은 한국이 아니라 세계라는 시각에서 정보를 끊임없이 습득해야 한다. 급속한 발전을 이룬 한국을 나는 특별하게 생각한다. 미래에 대해 상상하기 위해서는 독서가 가장 중요하다. 미래를 지배하는 힘은 읽고, 생각하고, 커뮤니케이션 하는 능력이다"라고 말했다.[52]

최고 엘리트 가족의 책읽기

전혜성 박사(전 예일대 교수)가 자녀들을 모두 엘리트로 키운 배경에는 책읽기 교육이 있었다. 여섯 남매를 모두 하버드대와 예일대에 보내고 미국 주류사회의 엘리트로 키웠다. 미국 매사추세츠주 보건후생부 장관을 지낸 고경주 씨, 하버드대 공중보건대학원부학장 및 클린턴 정부시절 국무부 인권차관보를 지낸 고홍주 씨, 예일대 로스쿨 학장……. 전 박사는 자녀들을 책 읽는 아이로 키우려면 철들기 전부터 습관을 들여야 한다고 강조한다. 여섯 아이를 키울 때 언제 어디서든 책을 읽을 수 있도록 거실은 물론 아이들 방과 지하실 등에 책과 함께 책상 18개를 배치했다고 한다. 책이 있다고 해서 당장 다 읽는 것은 아니지만 언젠가는 보게 된다는 것이다. 전 박사는 자녀들에게 TV를 주말에 하루만 보게 하는 등 TV 시청을 엄격하게 제한했다. 물론 자녀들에게 책만 읽도록 한 것은 아니다. 자녀들과 함께 팝뮤직을 듣고 영화를 보면서 현실과 연결하도록 함께 토론을 했다. 그리고 정기적으로 미술관과 도서관에 가서 자녀들의 상상력을 키워주었다. 전 박사는 자녀들을 리더로 키우려면 '사명감(sense of mission)'을 계속 상기시켜 주는 것이 매우 중요하다고 강조한다.53)

위인처럼 생각하기

어린이는 위대한 인물의 생애와 업적, 피나는 노력을 묘사한 전기傳記를 많이 읽어야 한다. 전기는 어린이가 높은 뜻을 세우고 폭넓은 세계관과 인생관을 가질 수 있도록 한다. 대개 전기에 등장하는 인물들은 역사상 존재했던 인물이거나 현재 살아 있는 인물들이다. 전기에는 위인들이 살아오면서 겪은 역경과 시련을 이겨낸 과정들이 잘 기록되어 있다. 전기 속에 등장하는 위인들은 고난과 불굴의 정신을 보여주며 아이들을 격려할 수 있고 그 길로 이끌 수 있다. 좋은 책 한 권은 어린이를 투지에 불타게 한다. 인도의 초대 수상을 지낸 네루는 "위대한 전기에서 에너지를 섭취하고 인생의 교양을 쌓아야

한다"라고 말했다.[54]

　최근에는 어린이들이 쉽고 재미있게 읽을 만한 위인전이 많이 출간되고 있다. 『선생님도 놀란 인물뒤집기』는 위인전에 대한 고정관념을 바꾼 미국 러너출판사의 바이로그래피 시리즈를 한국어로 번역한 것으로 자신의 분야를 즐기며 노력해서 최고가 된 사람들의 삶이 담겨있다. 이 시리즈는 빌 게이츠, 타이거 우즈, 힐러리, 클린턴과 같은 성공한 인물들의 이야기를 흥미롭게 다루고 있어서 어린이들 사이에서 큰 인기를 끌고 있다. 그리고 노벨상 수상자의 삶을 만화로 재미있게 읽을 수 있는 『내 아이 노벨상 수상자로 키우기』란 책이 있다. 이 책은 2001년 노벨상 100주년 기념사업의 일환으로 만들었다. 또한 우리나라 근현대사에서 큰 발자국을 남긴 위대한 인물들의 이야기를 담은 『큰 작가 조정래의 인물 이야기』 시리즈가 있다. 어린이들은 신채호, 안중근, 한용운, 김구 등의 민족지도자들이 걸어갔던 발자취를 더듬으면서 리더로서 큰 꿈을 꿀 수 있다.

글로벌 가정, 글로벌 학교

글로벌 기본 전략

국제무대의 주인공이 되기 위해서는 기본적으로 몇 가지 전략이 필요하다.[55]

1. 영어공부 열심히 하기: 아무리 뛰어난 능력을 가졌어도 영어를 제대로 구사하지 못하면 글로벌 세계에서 리더가 될 수 없다. 원어민 발음도 중요하지만 더 중요한 것은 정확하고 고급스러운 영어 구사이다.

2. 외국 체험 기회 많이 갖기: 기회가 있을 때마다 각 나라의 박물관, 문화원, 행사, 전시회 등을 찾아다니며 체험을

한다. 해외여행을 할 수 없는 형편이면 책이나 TV 프로그램을 통해 간접경험을 한다.

3. 봉사활동 많이 하기: 리더의 중요한 덕목 중 하나는 낮은 위치에 있는 사람에게 모범이 되는 것이다. 이를 위해 형편이 어려운 나라를 찾아가 봉사를 한다.

4. 국제교류 행사 참여하기: 국제교류 행사는 정부 간 청소년 교류, 국제회의 및 국제행사, 청소년 해외체험 프로그램 등으로 다양하다. 국제교류는 외국체험, 국제적 인맥 형성, 다문화 이해 경험을 가질 수 있는 좋은 기회가 된다.

5. 국제기구 관심 갖기: 국제기구에서 일하기 위해서는 글로벌 스탠더드에 맞는 자질과 전문성이 필요하다. 국제기구에 진출하려면 장기적인 계획과 준비가 필요하다.

6. 독립심과 문제해결력 키우기: 어릴 때부터 다양한 유소년 캠프 활동을 체험함으로써 자립심과 문제해결 능력을 키운다.

7. 열린 생각 갖기: 글로벌 시대에는 세계 여러 나라의 문화적 특성을 이해하고, 받아들이는 열린 태도가 중요하다.

8. 글로벌 자격증 취득하기: 한미 FTA 시대가 본격적으로 전개되면 미국 자격증을 가진 사람은 미국 노동시장에 취업하기가 훨씬 쉬워진다.

글로벌 엄마의 충고

"요즘 엄마들, 영어만 일찍 가르치면 뭣해요. 아이들의 문화적 소양과 매너는 빵점인 걸. 그런 아이들은 서울대, 아니 하버드대 졸업장을 들고 가도 글로벌 기업에서 선택하지 않아요."

이렇게 충고하는 사람은 미국에서 25년간 ESL(English as a Second Language) 전담교사로 활약해 온 김유미 씨이다. 김유미 씨는 한국 유학생들을 가르친 경험이 있는 교사이며, 두 딸을 경영컨설팅회사의 부사장으로, 시카고 트리뷴·LA 타임스 마케팅 책임자로 키워낸 '글로벌 엄마'이다. 김유미 씨가 말하는 글로벌 엄마로서의 첫째 덕목은 아이를 필기시험의 귀재로 키우지 말고 문화적 소양이 풍부한 '품위 있는 아이'로 키우라는 것이다. 둘째 덕목은 자녀들의 시야를 어릴 때부터 세계로 넓혀주는 것이다. 영어 학원을 보내는 대신 그 돈을 모아 가족이 함께 해외여행을 떠나는 것이다. 어학연수가 아니라 그냥 보고 느끼고 즐기는 여행이나 캠프를 다녀오는 것이 좋다. 셋째 덕목은 엄마 자신의 글로벌화이다. 자녀가 미술을 좋아하면 엄마도 함께 유명 작가의 일대기를 살펴보고, 수박 겉핥기식이라도 음악과 세계사, 와인에 대한 기본 지식을 쌓아야 한다. 자녀들에게는 영어공부 하라고 잔소리 하면서 엄마는 한마디도 못하면 안 된다. 유창하게 하라는 것이 아니다. 문법은 중학교 수준이면 충분하고, 해외여행 갔을 때 혼자서 쇼핑을 할 정도의 실력이면 된다.56)

외대부속외고의 글로벌 교육

한국외국어대학교부속 외국어고등학교의 교육목표는 '영재 교육을 통한 세계 경영 인재 육성'이다. 외대부속외고의 세 가지 교육이념인 인성 교육과 창의성 교육, 자율성 교육은 모두 글로벌 리더를 육성하려는 교육목표하에 만들어졌다. 글로벌 인재를 육성하기 위해 다양한 방법으로 교육프로그램을 적용하고 있다. 우선 캠퍼스를 글로벌화 하였다. 영어를 자연스럽게 구사할 수 있도록 '캠퍼스 영어상용(EBC, English Based Campus)' 제도를 기본으로 운영하고 있으며, 일부 수업은 영어로 진행한다. 또한 외고답게 E +2 Policy(English +2 Foreign Languages Policy)를 운영하고 있다. 즉, 영어는 기본이고, 또 다른 두 개의 외국어 구사 능력을 갖추어야 졸업이 가능하다. 이와 함께 매년 여름에 글로벌 리더스 캠프Global Leaders Camp를 개최한다. 또한 매주 두 시간씩 원어민 교사의 지도하에 영어 토론 시간을 운영하고 있다. 주제는 영자 신문 칼럼을 이용한다. 외대부속외고는 영어인증 시험인 ACT(America College Test)를 처음으로 도입하였다. 외대부속외고에서는 기숙사를 기숙사(dormitory)라 하지 않고 GMC(Global Manner Center)라 한다. 이것은 기숙사가 단순히 먹고 자는 곳이 아닌, 글로벌 리더로서의 매너와 에티켓을 배우는 장場이라는 점을 강조하기 위해서이다. 이미지 컨설턴트를 초청하여 글로벌 매너에 대한 특강도 실시하고 있다. 또한 학생들의 자율성을 키워주기 위해

GLM(Global Leader Monitor)을 운영한다. GLM은 바른 수업, 바른 용모, 바른 예절을 스스로 지키도록 하는 자율 기구이다. 학급은 두 종류로 편성하여 운영한다. 해외 명문대학 진학을 목표로 하는 반은 영어과(3개 반)이며, 중국어과(3개 반), 일본어과(2개 반), 프랑스어과(1개 반), 독일어과(1개 반)는 국내 대학 진학반이다. 그리고 학생들에게 자긍심을 심어주기 위해 교복을 한국 최고의 디자이너인 앙드레 김에게 의뢰하여 만들었다. 외대부속외고 교복은 국내의 어떤 교복보다 품위 있고 세련되었다는 평을 받고 있다.[57]

민사고의 글로벌 교육

민족사관고등학교의 설립목적은 '전국의 뛰어난 영재를 모아 민족혼을 되살리고, 미래의 조국을 지키고 이끌어갈 각계 각층의 지도자를 육성하는 것'이다. 민족 교육을 위해 한복 교복을 입고, 전통 무예를 수련하고, 명심보감을 읽고, 전통 악기를 연주한다. 민사고가 교복을 한복으로 택한 것은 민족의 지도자가 될 학생들인 만큼 민족 주체성에 대해 많은 생각을 하고 몸가짐을 정갈하게 하라는 뜻이다. 민사고는 국어와 국사를 제외한 모든 수업시간과 교내의 일상생활에서 국제공통언어인 영어를 사용하는데, 이를 영어상용정책(EOP, English Only Policy)이라 한다. 민사고 학생이었던 신희정 양에 따르면 "EOP에 걸려든 학생들은 위반자 3-5명을 잡고 난 후에야 EOP 벌

칙에서 벗어나는 릴레이식이라서, 1명이 5명을 잡으면 5명은 25명을 잡아야 하고, 25명은 125명을 잡아야 했다. 이런 식으로 엑스맨이 기하급수적으로 불어나다 보니, 한때는 전교생의 절반 이상이 몽땅 엑스맨이 된 적이 있었다"고 한다. 또한 민사고는 전통예절을 매우 중요시 하는데, 그 중에서도 부모에 대한 효孝의 예절과 스승에 대한 경敬의 예절, 함께 배우는 선후배에 대한 존尊의 예절을 특히 강조한다. 그리고 민사고에는 IR(Individual Research)이라는 독특한 수업방법이 있다. IR은 하루 일과 중에 2시간을 원하는 분야를 선정해서 자율적으로 공부하는 것이다. 지도 교사는 학생이 스스로 정한다. 또한 학생들이 자율적으로 만든 제도 중에 '민족피어튜터링(MPT, Minjok Peer Tutoring)'이 있다. 서로가 팀을 짜서 가르치고 배우는 것이다. 선배라도 부족한 과목이 있으면 그 과목을 잘하는 후배를 찾아가 피어튜터링을 요청한다. 또한, '명예위원회(Honour Community)'를 운영하고 있다. 명예위원회에서 주로 단속하는 것은 학교의 3대 금기 사항인 '3 NO'(No lying(거짓말 금지), No stealing(절도 금지), No cheating(부정행위 금지))이다. 만약 이 3가지 중에서 하나라도 어길 경우에는 정학 혹은 퇴학까지 당한다.[58]

고려대의 글로벌 교육

고려대는 개교 100주년을 맞아 대학의 구호를 '민족의 대학'에서 'Global KU'로 바꿨다. 대학을 상징하는 술도 '막걸리'에서 '와인'으로 바꿨다. 고대의 세계화 전략은 세 가지 목표로 이루어져 있다. 첫째, 교육에 관련된 모든 것을 국제적 수준에 맞추는 글로벌 스탠더드이다. 이를 하드웨어와 소프트웨어로 나눌 수 있다. 하드웨어의 경우, 모든 신축건물의 시설을 국제수준으로 맞추고 있다. 강의실은 멀티미디어 강의가 가능하도록 만들었으며, 활발한 토론이 이루어질 수 있도록 좌석을 반원형으로 구성했다. 또한 외국인을 위한 기숙사 I-House를 건립하고, 국제관 옆에 영어 카페와 레스토랑을 만들어 마치 외국대학에 유학 온 듯한 느낌을 준다. 소프트웨어의 경우, 하버드 대학의 교양교과를 벤치마킹하여 교양교과를 공통교양, 핵심교양, 선택교양으로 나누었다. 현재 20%인 영어 강의비율을 2010년까지 50% 이상으로 끌어 올릴 계획이며, 졸업을 하려면 모든 학생들이 최소 5개 과목을 반드시 영어 강의로 수강해야 한다. 둘째는 글로벌 네트워크로, 앞으로 10여 개의 글로벌 캠퍼스를 설립할 계획이다. 현재는 캐나다 UBC 캠퍼스 내에 고려대 기숙사를 세워 매년 100여 명의 교환학생을 파견하고 있다. 호주의 Griffith 대학, 영국의 런던대학, 일본의 와세다 대학, 미국의 캘리포니아 대학 등과도 협정을 체결하여 활발한 교류활동을 전개하고 있다. 국제학부 학생들은 졸업 때까지 반드시 한 학기 이상 해당 국가에서 교환학생으로 수업을 들어야 한다. 또, 외국학생과 국내학생을 대상으로 International Summer Campus at KU를 매년 개설하고 있다. 6주간에 걸쳐 60여 명의 국내외 교수들이 외국대학과 동일한 교육프로그램을 따라 영어로 수업을 진행한다. 세 번째 목표는 글로벌 스코프로, 모든 교육수준을 국제적 깊이에 이르도록 하자는 것이다. 외국인 석좌교수 초청, 교수의 국제학술대회 참가 지원, 글로벌 리더 교육 강화 등의 전략이 있다. 학생들의 국제화를 위해 신설한 국제교육원에서는 세계적 감각을 지닌 인재를 교육하고 있다. 특히 글로벌 리더십 센터에서는 국제화에 필요한 다양한 프로그램을 구성하여 학생들에게 제공하는데, 국제 매너 교육, 국제협상, 다양한 문화의 이해 등과 관련된 프로그램을 운영하고 있다. 매년 가을, 외국인 유학생과 재학생을 대상으로 페스티벌을 벌이며, 각 나라별 주한대사를 초청하여 강연회 및 문화공연을 개최함으로써 학생들이 글로벌 리더로서 활동할 수 있도록 국제적 감각을 높이고 있다.[59]

포항공대의 글로벌 교육

포항공대의 교육목표는 '글로벌 리더십을 갖춘 소수정예의 창의적인 과학인재'를 육성하는 것이다. 대학본부 근처 중앙광장에는 여섯 개의 흉상이 원형으로 세워져 있다. 네 개의 흉상에는 전기를 발명한 토머스 에디슨Thomas Alva Edison(1847~1931)을 비롯해서 상대성이론을 개발한 앨버트 아인슈타인 Albert Einstein(1879~1955), 빛의 전자이론을 정립한 제임스 클락

맥스웰James Clerk Maxwell(1831~1879), 만유인력 법칙을 발견한 아이작 뉴턴Isaac Newton(1642~1727)의 모습이 차례로 새겨져 있다. 그런데 나머지 두 개의 자리는 비어 있다. 받침대 밑에는 '미래의 한국 과학자(?)'라는 글자가 새겨져 있다. 장차 과학기술 분야에서 노벨상을 받는 한국인이 있으면 그 사람의 흉상을 그 자리에 세울 것이라 한다. 그래서 물음표가 달려 있다. 포항공대는 21세기 과학기술계를 주도할 최고 정예 리더를 육성하기 위해 리더십 교육프로그램을 운영하고 있다. 리더십 프로그램은 대학부설 POSTECH 리더십센터에서 개발하고 있는데, 여기서 두 과목의 교양강좌를 운영하고 있다. 첫 번째 과목은 '자기계발과 리더십'이라는 강좌이다. 이 강의에서는 스티븐 코비가 제시하는 '성공하는 사람들의 7가지 습관'과 데일 카네기의 '인간관계론'을 가르친다. 두 번째 과목은 '조직사회와 리더십'이라는 강좌이다. 이 강의에서는 조직사회 내의 리더 역할과 자질, 리더십을 가르친다. 그리고 리더십 연계교육으로 매년 2회씩 리더십 워크숍을 개최하며, 리더십관련 실무과목을 가르친다. 리더십과 관련한 일반교양과목으로는 기술경영전략론, 과학기술경제학, 과학기술사회학, 과학기술정치학, 조직심리학, 세계정치경제 등이 있다. 또한 정규교육과정 외에 교직원을 대상으로 단기 합숙을 통해 리더십 훈련 및 교육을 실시한다. 한국리더십센터와 데일 카네기 연구소의 프로그램을 운영하고 있으며, 교육훈련뿐만 아니라 자료를 제작하여 배부하기도 한다. 시간을 효율적으로 관리할 수 있도록 'PLANNER for Management'라는 수첩형 다이어리를 자체 제작하여 전체 학생들에게 나누어 준다. 또한 리더십 센터에서는 학생 및 교직원들의 리더십 향상을 위해 정기적으로 뉴스레터를 발간하고 있다.

한동대의 글로벌 교육

한동대는 글로벌 교육을 지향하는 대학답게 영문 교명부터가 'Handong Global University'이다. 인성과 지성 부문에서 국제 감각을 가진, 균형 잡힌 인재를 육성하는 것을 중요한 교육목표로 삼고 있으며, 설립 당시부터 특성화 전략 중의 하나로 '국제화 교육'을 수립하여 추진해오고 있다. 이에 따라 신입생들은 입학과 동시에 전공을 선택하기 전까지 글로벌 리더십 학부에 소속되며, 인성 교육과 함께 세계를 무대로 활동할 수 있도록 리더십 교육을 받고 있다. 개교 초기부터 어학 교육과 국제화 교육에 집중해 온 결과, 매년 졸업생의 20%에 해당하는 인원이 해외 유수의 대학원과 기업에 취직하고 있다. 여기에 착안해 'HGN'라는 이름의 사이트를 통해, 한동대 졸업생들의 네트워크와 전 세계에 거주하고 있는 3만여 명의 한동대 후원자들의 네트워크를 하나로 묶었다. 그리고 지역별로 HGN 지회가 형성되어 해당 지역으로 진출하는 한동대생들을 입체적으로 지원하고 있다. 한동대 국제화 프로젝트를 살펴보면, 첫째로 개발도상국 'Study Korea'를 들 수 있다. 이는 저개발 국가에서 향후 리더로 성장할 인재들을 한동대로 데려와 전액 장학금과 생활비를 지원하며 공부시키는 프로젝트로, 그 대상이 약 100여 명에 이른다. 이와 함께 재학생들은 글로벌 리더로서 자질과 역량을 키우기 위해 방학 때는 저개발 국가에서 봉사활동을 수행한다. 전교생의 6분의 1에 해당하는 약 40개 팀의 500명이 이 프로그램에 참여하고 있다. 둘째로 한동국제법률대학원(HILS) 프로그램이다. 한동대는 국제화 전략의 일환으로 미국법과 국제법을 가르치는 국제법률대학원을 준비해왔다. 대학원의 모든 수업은 100% 영어로 진행되며, 이를 수행하기 위해 교수진 10여 명 모두 미국 변호사 자격을 취득한 원어민 교수로 구성했다. 그 결과, 현재까지 수십 명의 미국변호사를 배출하고 있다. 셋째로 글로벌 파트너와의 제휴를 들 수 있다. 한동대는 교육 프로그램을 통해 저개발 국가에 기여하고, 이들 국가를 향후 한동대와 한국의 미래시장과 활동무대로 삼겠다는 계획을 가지고 있다. 저개발국가와의 프로그램을 효과적으로 진행하기 위해 UNESCO, World Vision과 제휴하였다. UNESCO의 다문화의 대학 간 교류 프로그램인 UNITWIN 프로그램 협력대학으로 선정되어 중앙아시아 국가를 통한 국제화 프로그램에서 글로벌 파트너로서 상호협력하고 있다. 또한 World Vision의 미국 시애틀 본부와 전 세계에 파견되는 World Vision의 국제화 전문 인력 양성을 위해 학부 과정에서부터 글로벌 리더십 프로그램을 신설하여 특화된 국제 인력을 양성하고 하고 있다.[60] 그리고 최근에는 OECD,

United Nations University, Institute of International Education, American Bar Association 등과 협력 관계를 맺고 국제적 인재 양성을 추진하고 있으며, 캠퍼스 내에 글로벌 타운을 조성하여 명실상부한 글로벌 리더를 육성할 계획도 가지고 있다.

하버드대의 글로벌 교육

조선일보사 강인선 기자는 하버드 케네디 스쿨에서 공부하였다. 그 경험을 바탕으로 글로벌 리더를 키우는 하버드의 자기 관리법을 알아냈다. 강인선 기자는 이를 '하버드 스타일'이라 부른다. 하버드 대학은 1년에 1600명 정도의 신입생을 선발하는데, 고교 수석 졸업자를 비롯해서 SAT 고득점자, 학생회장, 스포츠 팀 주장 등 전국에서 뛰어난 수재들이 몰려들어 치열한 경쟁을 벌인 끝에 입학한다. 이들은 다시 하버드에서 무섭도록 경쟁한다. "일단 하버드라는 울타리 안에 들어오면 '하버드식 가공 과정'을 거치게 되어 있다. 비록 이 과정이 고통스럽지만, 리듬만 잘 타면, 무사히 졸업할 수 있다. 하버드에서는 공부와 과외활동 등 여러 가지를 힘에 부치도록 해나가며 견뎌야 한다. 그 힘든 과정에서 학생들은 자신이 '스타'이면서 동시에 '매니저'가 되는 법을 깨닫는다"고 강인선 기자는 말한다. 하버드의 학업량은 평범한 수재가 죽어라 공부해야 겨우 따라갈 정도라고 한다. 이렇게 혹독한 과정을 통해 하버드는 미국역사상 일곱 명의 대통령 – 존 애덤스John

Adams(1735~1826), 존 퀸시 애덤스John Quincy Adams(1767~1848), 러더 퍼드 B. 헤이스Rutherford Birchard Hayes(1822~1893), 시오도어 루스벨트Theodore Roosevelt(1858~1919), 프랭클린 D. 루스벨트Franklin Delano Roosevelt(1882~1945), 존 F. 케네디John Fitzgerald Kennedy(1917~1963), 조지 W. 부시George Walker Bush(경영대학원) - 을 배출했다.

다음은 강인선 기자가 말하는 '하버드생들의 대학생활 성공법'이다.61)

1. 시간관리를 철저히 하라. 모든 면에서 성공적인 학생과 그렇지 않은 학생의 가장 큰 차이는 시간관리 능력의 차이였다. 성취도가 높은 학생일수록 '시간'이라는 단어를 자주 쓴다.

2. 교수와 친해져라. 신입생이 가장 먼저 할 일은 교수가 자신을 기억하게 하는 것이다. 교수를 자주 찾아가라. 교수의 충고 한 마디가 인생을 바꿀 수 있다.

3. 다양한 강의를 골고루 들어라. 의무적인 공부로는 재미를 느끼기 힘들다. 밥 먹고 나서 달콤한 디저트를 먹듯이 재미로 듣는 강의가 있어야 한다.

4. 과제물과 시험이 많은 강의를 택하라. 한 학기에 시험을 딱 한 번 치르고 끝나는 과목은 피하라. 시험이 많다는 것은 교수가 늘 학생들의 실력을 평가해준다는 의미다.

5. 스터디 그룹을 만들어라. 혼자서 공부하는 학생일수록 성적이 부진하다. 동료학생들에게도 배워야 한다. 특히 복잡한 자연과학을 전공하는 학생일수록 스터디 그룹은 중요하다.

6. 글쓰기에 주력하라: 글 쓰는 능력은 대학생활이나 직장생활에서 결정적인 성공 요인이다. 긴 보고서 한두 편 내는 강의보다는 짧은 보고서라도 자주 쓰는 강의를 택한다.

7. 외국어를 공부하라: 외국어 공부는 고생은 짧고 보상은 평생 간다. 그래서 졸업생들이 졸업 후 가장 좋았던 강의로 기억하는 과목이 외국어이다.

8. 공부와는 무관한 과외활동에 몰두하라: 공부에만 집중할수록 대학생활의 만족도는 떨어진다. 공부 이외에 깊이 몰두하는 활동이 하나쯤 있어야 한다.

9. 문제가 생기면 말하라: 학교에는 곤경에 빠진 학생들을 도와줄 사람이 수두룩하다. 그러나 누군가 와서 도와줄 것이라고 기대해서는 안 된다. 문제가 있다고 판단되면 누군가 의논할 사람을 찾아라.

글로벌 사회 경험 쌓기

정부 및 민간 교류, 국제기구 인턴

글로벌 리더를 꿈꾸는 사람들은 세계로 진출하여 글로벌 사회를 직접 경험할 필요가 있다. 예전에는 우리 청소년들이 국제무대에서 경험할 기회가 매우 적었다. 그러나 최근에는 국제협력단을 비롯한 정부기구, 비정부기구(NGO), 기업체, 교육기관 등을 통하여 다양한 글로벌 사회를 경험할 수 있는 기회가 늘어났다. 마음먹고 조금만 준비하면 세계에 나가 외국인 친구들과 어깨를 맞대고 갖가지 경험을 할 수 있다. 그러면 정부 및 민간교류, 국제기구 인턴에 대해 살펴보자.

정부에서는 청소년 국제교류 차원에서 해외 파견자를 모집

한다. '정부 간 교류'는 모든 청소년이 참가할 수 있으며, 정부가 편도항공료와 여행자보험료 및 방문국 체재비를 지원한다. '청소년 해외체험 프로그램'은 해외조사나 연구, 연수사업을 비롯하여 자원봉사활동에 참가할 청소년을 모집해 파견한다. 또한 청소년위원회 홈페이지(www.youth.go.kr)를 통해 국제회의 등 특정 활동에 파견할 청소년을 모집한다. 국제교류네트워크(www.iye.go.kr)에서는 지방자치단체 국제교류인 청소년 자원봉사활동, 캠프대회, 해외 자매단체 방문, 역사문화탐방 등의 교류행사에 대한 정보뿐 아니라 민간 국제교류인 잼버리, 생태투어, NGO 해외봉사단, 해외인터넷 청년봉사단 등의 모집 정보도 함께 알 수 있다.[62]

국제기구에 취업하려면 유엔 국별 경쟁시험(NCRE)에 합격하거나 초급전문가(JPO) 제도를 이용할 수 있다. 그러나 많은 사람들이 국제기구나 비정부기구(NGO) 인턴십에 참여하는 방법을 택하고 있다. 이에 대한 정보는 국제기구 채용 정보(www.unrecruit.go.kr)나 유엔 사무국 인턴십 홍보(www.un.org/Depts/OHRM/sds/internsh)에 들어가면 알 수 있다. 뉴욕 유엔본부의 경제사회업무국 여성지위향상국에서 인턴십으로 근무했던 한 이화여대 대학원생의 경우, "직종을 불문하고 자신이 원하는 곳에서 전문성을 쌓고 있는 수많은 사람들을 만났다. 평범하면서도 나이에 상관없이 열정을 잃지 않는 유엔 직원들을 보면서 누구나 준비만 하면 국제무대를 누비는 글로벌 여성이 될 수 있다는 사실을 깨달았다"고 한다.[63] 한편 국제기구에서 인턴으로 활동하면 취업기회가 무척 넓어질 수 있다. 연세대 국제대학원에 재학 중이던 한 학생은 코소보 유엔개발계획 사무소에서 인턴으로 일할 때 한 외국인 사무관의 지도를 받았다. 이후 두 사람은 친하게 지냈고, 국제기구 직원의 꿈을 키웠다. 귀국 후 유엔봉사단에 지원할 뜻을 밝히자 그 사무관은 선뜻 추천서를 써 주었다. 결국, 그는 유엔개발계획(UNDP) 산하의 유엔봉사단(UNV) 채용에 합격했다. 한국외대에 재학 중이던 한 학생은 대한항공 뉴욕지사에서 인턴으로 일했다. 현지에서 유대인 변호사에게 한국어를 가르쳐 주었는데, 그 변호사의 추천서가 80 대 1의 경쟁률을 뚫고 대한항공에 취업하는 데 큰 도움을 주었다. 어떤 한동대 졸업생은 재학시절, 2년간 카자흐스탄에서 태권도를 가르치는 국제 봉사활동을 한 것이 계기가 되어 카자흐스탄 현지인들과 인맥을 쌓았다. 그 인맥이 그를 '카자흐스탄 소식통'으로 만들었고, 이러한 사실을 인정받아 그는 한국국제협력단에 무난히 합격했다.[64]

국제봉사단 활동

젊은이들의 해외봉사단 파견은 현재 한국국제협력단(KOICA, Korea International Cooperation Agency)과 같은 정부기관, 국제구호기구를 비롯한 다양한 비정부기구(NGO), 그리고 민간기업과 종교단체의 봉사프로젝트가 주류를 이루고 있다. 국제협력단을 통해 해외봉사를 나가는 우리나라 젊은이는 해마다 1500

명에 이른다. 생활비는 전액 정부가 지원한다. 이들은 개발도 상국 정부기관이나 비정부기구에 파견되어 기술 교육, 보건·의료, 농업, 한국어 교육, 행정 지원 등 다양한 분야에서 1~2년간 활동한다. 상당수의 사람들은 기간 만료 후에도 활동기간을 연장하고 있다. 파견분야에 대한 구체적인 정보는 국제협력단 홈페이지(www.koica.go.kr)에서 알 수 있다. 미국에서는 1961년에 평화봉사단이 만들어졌다. 케네디 대통령이 미국의 젊은이들에게 "인생의 2년을 개도국에서 봉사해 세계 평화에 기여하자"는 캠페인을 전개한 것이 계기가 되어, 그동안 140여 개국에 18만7000명의 봉사단원이 파견되었다. 이런 경험을 쌓은 이들 중 다수가 미국의 정치·경제·학문·예술 등의 다양한 분야에서 지도자로 활동하고 있다. 이들은 미국과 세계 곳곳을 연결하고 지구촌의 발전을 이끌어가는 주역이다. 미 국무부의 크리스토퍼 힐 차관보, 짐 도일 위스콘신 주지사 등이 평화봉사단 출신이다.[65]

모의 유엔대회 참가

대학생뿐만 아니라 중·고교생도 모의 유엔대회나 영어토론대회 등을 통해 국제사회의 문을 두드릴 수 있다. 2004년에 국내에서 처음으로 '청소년유엔회의(MUNOS)'가 열렸다. 당시 참가자는 70여 명에 불과했다. 그 후 청소년유엔회의에 관심이 늘면서 참가자가 해마다 크게 증가하고 있다. 3일간 열리는 MUNOS(총회, 안전보장이사회, 경제사회이사회, 인권위원회, 환경위원회, 특별위원회, 국제사법재판소, MUNOS 서밋 등)의 모든 토론은 영어로 진행한다. MUNOS는 영어 토론이 가능한 중학교 3학년에서 고등학교 3학년 사이의 학생이라면 누구나 신청할 수 있다. MUNOS 홈페이지(www.munos.co.kr)에서 구체적인 정보를 얻을 수 있다. 이 외에도 '세계학생유엔'이 있다. 세계학생유엔은 유엔 회원국의 고교 학생회장 대표를 회원으로 한다.[66]

대학적십자 해외봉사활동

대학적십자 해외봉사활동은 청소년들에게 적십자의 인도주의 정신을 경험하고 실천할 수 있는 기회를 제공하기 위하여 기획한 대한적십자사의 대표적인 대학생 해외봉사활동으로, 1993년부터 시작하였다. 해외봉사활동을 하는 목적은 적십자 인도주의 보급, 저개발국 해외봉사활동을 통한 인류애 실현, 자매적십자사 RCY와의 청소년프로그램 교환 및 친선활동, 대한민국의 청소년문화 전파를 통한 자긍심 고취, 새로운 문화 체험을 통한 도전정신 고양 등을 들 수 있다. 파견대상자는 원칙적으로 대학적십자 회원으로 활동하고 있는 대학생이다. 대상자 선정은 각 시·도 본부의 우수한 회원들을 대상으로 추천을 받아 RCY 중앙본부에서 최종 적격자를 판단하여 선발한다. 또한 대학적십자 전문봉사단 및 사이버 봉사단원으로 활동하는 대학생들 중 활동이 우수한 사람을 시·도 본부의 추천

으로 선발하기도 한다. 해외봉사활동에 대한 보다 구체적인
내용은 대한적십자사 홈페이지(www.redcross.or.kr)에서 살펴볼 수
있다.[67)]

청소년 적십자(RCY) 글로벌 리더 프로젝트

  'RCY 글로벌 리더 프로젝트'는 RCY 단원들이 UN을 방문
하여 국제기구의 역할을 이해하고, RCY 선배인 반기문 UN
사무총장과의 만남을 통하여 글로벌 리더로서의 능력을 함양
할 수 있는 계기를 마련하고자 기획한 프로그램이다. 또한, 미
국적십자사 본사를 방문하여 선진국의 인도주의 활동을 참관
하고, 주미 한국대사관을 방문하여 우리나라의 외교활동과 변
화하는 국제사회 환경을 이해한다. 이 프로젝트는 현재 활동
하고 있는 RCY 단원뿐만 아니라 일반대학생에게도 적십자 활
동에 참여하여 글로벌 리더로서 성장할 수 있는 기회를 제공
한다. 선발은 서류전형과 면접으로 이루어지며, 서류전형에서
는 대한적십자사가 주관하는 응급처치법, CPR(심폐소생술), 또
래성 교육 등의 각종 강습 수료자, 헌혈 5회 이상 한 자, 자원
봉사활동 경험이 많은 자를 우대하며, 미래의 글로벌 리더로
서의 참여 동기 및 참여의지가 진취적인 자를 우선 선발한다.
면접에서는 지원동기 및 참여의지, 참여 결격 사유 여부를 평
가한다.[68)]

기업 지원 세계문화체험 프로그램

LG그룹에서 지원하는 'LG글로벌챌린저'는 대학생들이 직접 탐방활동의 주제 및 탐방국가를 선정하여 활동하는 프로그램이다. 국내에서 가장 오래된 대학생 대상 해외 탐방 프로그램으로, 1995년에 시작하였다. 지금까지 총 410개 팀, 1500여 명의 학생들이 해외를 탐방하였다. 경쟁률은 평균 20 대 1로 매우 높은 편이다. 지원자는 엄격한 심사를 거쳐 선발한다. 선발된 학생들은 여름방학 기간 중에 각 팀별로 자율적인 탐방계획에 따라 2주 동안 해외 탐방활동을 벌인다. LG에서는 탐방활동에 필요한 항공료, 숙식비 전액과 소정의 연구비를 지원한다. 응모분야는 자연과학, 정보통신·공학, 경제·경영, 인문·사회, 문화·예술·체육 분야로 나누어진다. 선발인원은 100여 명 내외이며 한 팀당 4명으로 구성한다. 응모자격은 전국 4년제 대학교 및 대학원 재학생이다. 선발된 학생들은 2주간 외국 정부기관과 연구소, 대학, 기업, 사회단체 등에서 탐방활동을 펼친다. 또한 탐방 결과 보고서를 심사하여 시상하는데, 대상 및 최우수상을 받은 팀에는 LG 입사자격 및 인턴자격을 부여한다.[69]

글로벌 리더가 되기 위한 아홉 가지 원칙

원칙 1. 세상을 넓게 보기

우주에는 수많은 별들이 떠 있다. 우리가 살고 있는 은하계만 해도 수천억 개의 별들로 이루어져 있다. 우주에서 지구를 내려다보면 푸른 별로 보인다. 이 아름다운 별에는 갖가지 인종들이 살고 있다. 그런데 지구의 부富는 소수만이 지배하고 있으며 인류의 반 이상이 극악한 환경 속에서 살고 있다. 동화작가 위르겐 푹스Juergen Fuchs는 이러한 지구의 모습을 작은 마을로 그렸다.70)

지구를 인구가 1000명밖에 안 되는 작은 마을이라고 하

자. 이 마을에는 564명의 아시아인과 210명의 유럽인, 86명의 아프리카인, 80명의 남아메리카인, 그리고 60명의 북아메리카인이 살고 있다. 1000명 중 300명이 기독교인인데 그 중 183명은 가톨릭, 84명은 개신교, 33명은 정교회 신자들이다. 1000명 중에는 물론 다른 종교를 믿는 사람들도 있다. 175명은 이슬람교도들이고, 128명은 힌두교, 75명은 불교, 47명은 정령 숭배자들이며 나머지는 아무런 종교도 갖고 있지 않다.

위르겐 푹스는 여기까지만 보면 이 마을은 다양한 문화와 종교가 공생하는 아주 정상적인 마을로 보이지만 조금만 더 자세히 들여다보면 그렇지 않다고 한다.

이곳에 사는 1000명의 주민 중 60명이 전체 수입의 절반 이상을 차지하고 있다. 940명이 나머지 절반을 나눠가지는 것이다. 1000명 중 500명은 기근에 시달리고 있고, 600명은 슬럼 지역에 살고 있으며 글을 읽거나 쓸 줄 모르는 사람도 700명에 달한다.

우리가 살고 있는 지구를 다시 생각하게 만드는 글이다.
지구를 한 바퀴 도는 우주여행을 마치고 생각이 180도 바뀐 짧고도 재미있는 이야기가 있다. 1984년에 사우디아라비아 왕국의 벤 살만 알 사우드 술탄sultan(이슬람 국가의 군주)은 쿠바인 한 명, 러시아인 한 명과 함께 우주비행을 마치고 지구로 돌아왔다. 사우드 술탄은 우주에서 본 지구의 아름다운 모습을 보고 "첫날 우리는 각자 자신의 나라를 가리켰다. 사흘째인가 나흘째 되던 날에는 모두들 자신의 나라가 속한 대륙을 가리켰다. 닷새째 이후에는 대륙에도 관심이 없었다. 우리 눈에 보이는 것은 오직 단 하나, 인류 공동의 행성 지구뿐이었다"라고 말했다.71) 우주에서 지구를 내려다보면 제일 먼저 자기네 나라만 눈에 들어온다. 조금 여유가 생기면 자기가 속한 대륙의 땅덩어리가 들어온다. 시간이 더욱 흐르면 우주인의 생각 속에는 우주의 유일한 푸른 별인 지구 자체가 자리를 잡는다. 이렇듯 글로벌 리더는 자기 민족, 자기 국가, 자기 이웃 나라에만 관심을 가져서는 안 되며, 전 인류를 생각하는 전 지구적 사고를 해야 한다.

원칙 2. 꿈을 구체적으로 꾸기

우리나라 청소년들에게 '꿈이 무엇이냐?'고 물으면 생각나는 대로 대답한다. 케이블채널 '투니버스'에서 12세 이하 어린이 4700명을 대상으로 조사한 결과, "연예인이 되고 싶다"는 어린이가 67%나 됐다. 리서치기업 엠브레인에서 중·고교생 520명을 대상으로 조사를 한 결과, 장래 희망하는 직업을 묻는 질문에 교사(12.3%), 공무원(8.3%), 회사원(5.8%), 연예인(5.2%) 순으로 응답했다. 우리 청소년들은 꿈꾸는 교육을 제대로 받지 못했다. 꿈을 어떻게 꿔야 하는지를 모른다. 우리나라 청소년들의 꿈은 비교적 단순한 반면에 미국 청소년들의 꿈은 매우 구체적이다. 미국 초등학생의 경우, 의사가 되고 싶은 학생은 막연히 의사라는 직업군을 선택하기보다 "큰 농장에 집을 짓고 많은 가축을 기르면서 수의사를 하고 싶다"는 식으로 해당분야의 전문가가 되겠다는 목표를 분명하게 나타낸다. 또한 "공기를 오염시키지 않는 태양열 집을 짓는 건축가가 되겠다" "사람들이 나를 잊지 않도록 미국 최초의 여자 대통령이 되고 싶다" "이민 변호사가 되어 미국에 오려는 이민자들을 돕고 싶다" 등과 같이 구체적으로 미래를 꿈꾼다.[72]

성공한 사람들의 중요한 특징 중 하나는 '시간을 효율적으로 사용한다'는 것이다. 일단 목표를 세우면 세부계획을 세운다. 계획은 보통 연간 계획, 월간 계획, 일일 계획으로 구분하는데 성공한 사람들은 일일 계획 다음에 별도로 '시간별 계획'을 세운다. 더욱 철저한 사람은 시간을 분으로 쪼개어 사용한다. 하루 계획을 시간으로 설계하지 않고, 10분 단위로 나누어 설계한다. 10분 단위로 하루 계획을 짜면 얼마나 치밀하게 또 얼마나 집중적으로 공부해야 하는지 짐작이 갈 것이다. 집중력은 시간을 나눌수록 더욱 강해지기 마련이다. 글로벌 리더가 되기 위해서는 꿈을 꾸되 구체적으로 꾸고, 계획을 세우되 치밀하게 세워야 한다.

원칙 3. 건강한 자아 만들기

글로벌 리더는 자신을 건강하게 바라볼 줄 알아야 한다. 자신의 꿈에 대한 확신과 자신의 현재 모습에 대한 믿음을 가져야 한다. 이것이 바로 '건강한 자아상'이다. 자신의 모습을 거울에 비추어 보았을 때, 건강한 모습으로 나타나야 한다. 병든 모습을 가지고는 글로벌 리더가 될 수 없다. 그리고 자신을 긍정적으로 바라볼 줄 알아야 한다. 자신을 긍정적으로 볼 줄 아는 사람만이 글로벌 리더가 될 수 있다. 글로벌 리더를 꿈꾸는 사람의 얼굴은 항상 희망과 자신감으로 차 있다. 꿈을 생각하며 하루하루를 열심히 살기 때문이다. 또한 글로벌 리더는 자신의 미래와 현실을 정확하게 접목시킬 줄 알아야 한다. 나의 미래는 무엇이며, 공부라는 현실과는 어떻게 접목시킬 것인지를 깊이 생각하고 실천에 옮겨야 한다.

불경 『숫타니파타』에는 글로벌 리더가 될 사람들이 꼭 명심해야 할 가르침이 나온다. 부처님께서 출가자가 처신해야 할 생활태도에 대해 하신 말씀으로 지금도 수도자로 살아가는 사람들이 늘 가슴 속에 지니고 사는 경구警句이기도 하다. "소리에 놀라지 않는 사자처럼, 그물에 걸리지 않는 바람처럼, 진흙에 더럽혀지지 않는 연꽃처럼, 무소의 뿔처럼 혼자서 가라." 세상에 살면서 쉽게 물들지 말고 용맹스럽게 정진하라는 가르침이다.

또한 물에게서 건강함을 배워야 한다. 물은 끊임없이 흐른

다. 땅 위로 흐르고, 땅속으로도 흐른다. 넓게도 흐르고, 좁게
도 흐른다. 빠르게 흐르기도 하고, 천천히 흐르기도 한다. 흐
르다가 고이기도 한다. 추우면 얼음이 되고, 더우면 녹는다.
뜨거우면 수증기가 되어 하늘로 오른다. 그리고 비가 되어 다
시 땅으로 내린다. 물은 유교에서 가장 이상적인 인간형으로
생각하는 '군자君子'의 모습이다. 생각이 자유로우면서도 바르
고, 그리고 몸과 마음이 함께 건강한 사람이 군자이다. 군자의
모습은 글로벌 리더의 모습이기도 하다. 글로벌 리더는 늘 변
화하는 환경에 잘 적응하면서 생각도 물처럼 자유롭고 건강해
야 한다. 노자老子가 『도덕경道德經』에서 '가장 좋은 것은 물
과 같다(상선약수上善若水)'라고 하지 않았던가.

원칙 4. 하고 싶은 일, 마음껏 하기

자기가 좋아하는 일을 하면서 인생을 살아가는 사람이 가
장 행복한 사람이다. 자기가 좋아하는 일을 할 때는 아무리 고
생스러워도 비관적인 생각을 하지 않는 법이다. 글로벌 교육
에서 중요한 것은 '무엇이 되고 싶다'보다 '무엇을 하고 싶다'
는 꿈을 키워주는 것이다. 이어령 교수가 지은 「일등을 시키
려면」이라는 짧막한 글이 있다. 이 글은 하나의 답에만 매달
려 있는 우리 부모들에게 아이가 좋아하는 방향에 따라 여러
개의 답이 나올 수 있다는 것을 깨닫게 해준다.

"같은 방향으로 뛰면 일등은 하나밖에 없어요. 그러나 동서남북으로 뛰면 네 사람이 일등을 해요. 360도 둥근 원으로 뛰면 어때요? 360명의 일등이 나오잖아요. (중략) 왜 꼭 그 학교라야 하나요. 왜 꼭 그 직업이라야 하나요. 판사, 검사가 아니라도 의사, 변호사가 아니라도 길은 많아요. 틀림없이 있을 거예요. 남들이 가지고 있지 않은 내 아이만의 재능, 그것이 경쟁에서 일등을 할 수 있는 지름길이에요. 남들이 남쪽으로 뛰어갈 때 혼자서 동쪽으로 가고 싶어 하면, 그곳으로 뛰게 하세요. 거기 아무도 먹지 않은 탐스런 과일이 열려 있어요."[73]

21세기 글로벌 리더에게 필요한 사고방식은 하나만 고집하는 수렴收斂적 사고가 아니라 확산擴散적 사고이다. 부모부터 이를 실천해야 한다. 자녀가 하고 싶어 하는 일을 마음껏 할 수 있도록 지원해 주는 것이 글로벌 부모의 첫 번째 책임이며 의무이다.

원칙 5. 올바른 고집쟁이 되기

글로벌 리더는 고집이 있어야 한다. 고집이 있어야 한다는 말은 뚜렷한 자기주장이 있어야 한다는 말이다. 부모님과 선생님 말씀만 꼬박꼬박 잘 듣는 모범적인 사람은 글로벌 리더가 될 가능성이 적다. 그렇다고 일부러 말을 듣지 않고 고집스러운 주장을 피우라는 뜻은 절대 아니다. 고집이 올바르다면 그 고집을 억지로 꺾으려 해서는 안 된다. 오히려 그 고집이 큼지막한 열매를 맺을 수 있도록 격려해 주어야 한다. 음악가 헨델의 이야기는 고집스러운 아이가 결국 크게 성공한다는 교훈을 들려준다. '음악의 어머니'로 불리는 헨델은 음악과 전혀 관련이 없는 집안에서 태어났다. 아버지는 외과의사였다. 옛날에는 귀족에게 속해 있던 이발사가 외과의사를 겸했는데 헨델의 아버지가 바로 그런 사람이었다. 헨델은 어릴 때부터 음악을 하고 싶어 했으나 아버지는 허락하지 않았다. 음악을 좋아하지 않았던 아버지는 아들을 법관으로 키우고 싶어 했다. 아버지는 음악을 배우고 싶어 하는 헨델에게 '음악이란 굶어죽기 딱 좋은 짓'이라고 말하곤 했다. 그러나 이 같은 아버지의 반대도 음악을 향한 헨델의 열정을 막을 수 없었다. 어린 헨델은 아버지의 눈을 피해 한밤중에 다락방으로 올라가 달빛을 불빛 삼아 악보를 읽고 연주법을 익혔다. 마침내 헨델의 재능은 주위사람들에게 알려졌고, 그들은 헨델의 아버지를 설득했다. 헨델은 아홉 살 때부터 작곡법과 오르간 연주법을 배웠다. 한때 아버지의 뜻에 따라 법과대학에 진학하기도 했지만, 결국 1년 만에 그만두고 말았다. 헨델은 비록 아버지의 소원대로 법관이 되지는 못했지만, '음악을 하면 굶어죽기 십상'이라는 아버지의 걱정을 비웃기라도 하듯 많은 돈을 벌었다. 헨델은 단순히 음악을 만드는 데에만 만족하지 않고 사업으로 연결시켰다. 대규모 연주회를 열고, 나중에는 직접 오페라단까지 구성해 대규모 극장에서 공연하는 등 음악 사업을 벌여 흥행에 성공했다. 헨델은 음악으로 돈을 번 최초의 음악가가 되었다.[74]

원칙 6. 자신에게 엄하기

글로벌 리더들의 공통점은 자기 자신에게 매우 엄격하다는 것이다. 남에게는 관대하게 대하면서 자신에게는 조금도 용서를 허락하지 않는다. 외유내강外柔內剛이라는 말이 이에 해당한다. 자신에게 매우 엄격했던 대표적인 사람이 바로 벤자민 프랭클린Benjamin Franklin(1706~1790)이다. 프랭클린은 가장 열악한 환경 속에서 갖가지 고난과 역경, 그리고 시련을 겪으면서 자신의 꿈을 찬란하게 이룬 사람으로 미국 사람들이 가장 존경하는 인물 중 하나이다. 또한 미국인들이 성공하기 위한 모델로 삼고 있는 인물이기도 하다. 그래서 미국인들은 프랭클린의 얼굴을 가장 고액의 화폐인 백 달러짜리 한가운데 자랑스럽게 새겨 놓았다. 프랭클린은 자신의 삶에 대한 원칙과 기준을 명확히 세워놓고 이를 엄격하게 지켜나갔다. 그는 자신이 개발한 독특한 자기관리기법을 적용하였다. 자기관리는 13가지 덕목德目을 매일 지키는 것으로 시작한다. 13개 덕목은 '절제, 침묵, 질서, 결단, 절약, 근면, 정직, 정의, 중용, 청결, 평정, 순결, 겸손'으로, 프랭클린이 삶을 살면서 발굴한 지혜이기도 하다. 덕목의 내용은 청교도적이지만 그 정신만은 글로벌 리더가 될 사람들이 배워야 한다. 프랭클린은 13개 덕목을 계획적으로 실천하기 위해 작은 수첩을 준비했다. 그 수첩의 각 장에는 13개의 덕목을 적고는 날마다 그 실천여부를 체크하였다. 프랭클린은 이렇게 자기 자신을 철저하게 관리해 나갔기에 미국인들로부터 가장 존경받는 인물이 된 것이다.[75)]

원칙 7. 커뮤니케이션 능력 키우기

고려대에서 국제화 프로젝트를 주도했던 어윤대 전 총장은 글로벌 인재에게 요구되는 절대적인 자질로 국제적인 의사소통 능력을 꼽았다. 그는 "일본은 대국이지만 영어 구사능력에서 떨어지기 때문에 국제적인 리더십을 갖지 못한다. 우리가 초등학교 때부터 어학교육을 본격화해야 한다"고 말했다. 서울대 노경수 교수도 같은 주장을 하고 있다. "우리 인구의 최소 10%는 아주 능숙하게 외국어를 구사해야 하며, 이들이 바로 국제경쟁의 최전선에서 뛰어야 할 사람들이다"라는 것이다.[76)]

한국을 방문한 리콴유(李光耀) 전 싱가포르 총리는 "만약 내가 지금 한국의 학생이라면 글로벌 교육을 받기 위해 노력할 것이다. 지금 같은 국제화 시대에 한국인끼리만 알고 지낸다는 것은 불행한 일이다. 글로벌 인재가 되기 위해서는 무엇보다 영어를 공부하고, 가능하다면 중국어나 일본어를 더 공부해야 한다"라고 조언했다. 리콴유 전 총리는 대표적인 글로벌 리더이다. 작은 도시에 불과했던 싱가포르를 세계적인 금융과 물류의 중심지로 탈바꿈시켰고, 교육을 통해 시민의식을 선진국 수준으로 끌어올렸다. 리 전 총리의 자녀교육은 유명하다. 그의 아들 리센룽(李顯龍)은 아버지의 뒤를 이은 싱가포르의 총리이다. 말레이 민족이 싱가포르 인구의 대부분을 차지하고 있는 현실과, 인접한 말레이시아와의 외교적 관계를 고려하여 5살 아들에게 말레이어를 가르쳤다. 또한 유치원과 초등학교를 중국계 학교로 보냈다. 강대국으로 부상할 중국을 생각해서 중국어를 공부시킨 것이다. 그 결과, 리센룽 총리는 영어, 중국어, 말레이어에 이어 러시아어까지 구사하는 보기 드문 국가수반이 되었다.[77]

글로벌 인재에게 커뮤니케이션 능력은 매우 중요하다. 언어적 소통뿐만 아니라 국제적으로 인맥을 구축하는 데 필요한 능력이기 때문이다. 글로벌 사회는 커뮤니케이션 능력이 뛰어난 인재를 원한다. 글로벌 사회에서 침묵은 곧 패배를 의미한다.

원칙 8. 알맞은 환경 꾸며주기

자녀를 글로벌 리더로 키우고 싶으면 이에 알맞은 환경을 마련해주어야 한다. 교육에 있어서 환경이 갖는 의미는 매우 각별하다. 교육환경과 관련해서 너무도 유명한 이야기가 있다. '맹모삼천지교孟母三遷之敎' 이야기이다. 맹자는 어려서 아버지가 일찍 돌아가셨기에 어머니가 키웠다. 어머니는 아들 교육에 남다른 관심을 가졌다. 맹자가 어머니와 처음 살던 곳은 공동묘지 근처였다. 맹자는 늘 보던 대로 곡哭을 하며 장사지 내는 놀이를 하였다. 이 광경을 본 어머니는 안 되겠다 싶어 시장 근처로 이사를 했다. 이번엔 상인 흉내를 내며 노는 아들 을 보고, 다시 서당 근처로 이사를 했다. 그랬더니 맹자가 공 부하는 모습을 보이기 시작하였다. 맹자 어머니는 이곳이야말 로 아들과 함께 살 만한 곳이구나 생각하고는 그곳에 정착하 였다. 이러한 어머니의 노력으로 맹자는 뛰어난 학자가 된 것 이다. 이 이야기는 교육에 있어서 환경이 주는 영향이 얼마나 중요한지 깨닫게 해준다.

노벨상을 만들고, 노벨상을 수상한 사람들의 어린 시절 이 야기 속에서도 환경이 얼마나 중요한지 알 수 있다.

초등학교 2학년이던 알프레드 노벨은 아버지의 실험실을 가장 좋아했다. 아버지는 건설현장에서 쓰는 폭약을 개발하 는 일에 관심이 많았다. 아버지는 공장 일을 하면서도 틈틈 이 여러 가지 화학 재료들을 가지고 폭약실험을 하곤 했다. 비커와 플라스크를 들고 실험에 열중하고 계신 아버지의 모 습은 마치 동화책에 나오는 마법사 같았다. 어린 알프레드 는 이렇게 조금씩 과학의 세계로 빠져들었다. 그 후, 알프레 드는 시련과 고난 끝에 다이너마이트를 발명하였고, 이와 함께 큰 명성과 부를 누리게 되었다. 알프레드는 이 세상을 떠나기 전에 '나의 재산을 인류의 행복과 평화를 위해 노력

하는 사람들에게 수여하라'는 유언을 남겼다. 이에 따라 1901년에 노벨상이 만들어졌다.[78]

어린 마리 퀴리에게 아버지의 서재는 정말 신기했다. 흔들리는 안락의자와 오래된 가구, 루이 18세의 얼굴이 새겨진 찻잔과 북처럼 생긴 추시계, 장기판 모양의 둥근 테이블 등 온갖 물건이 다 있었다. 그중에서 특히 어린 마리의 눈길을 끈 것은 우아하고 아름답게 생긴 유리상자였다. 그 속에는 작은 저울과 시험관, 광물의 표본, 금박을 입힌 감전기 등이 들어 있었다. 학교에서 물리와 수학을 가르치던 아버지가 실험을 할 때 쓰는 기구였다. 어린 마리는 틈만 나면 아버지의 서재에서 실험 기구를 구경하며 놀았다. 학교 수업이 없는 날이면 아버지는 어린 딸을 앉혀 놓고 실험하는 모습을 보여주었다. '나도 아빠처럼 실험을 해 보고 싶어.' 훗날 마리는 라듐이라는 새로운 방사능 원소를 발견하였고, 1898년에 노벨물리학상을 받았다.[79]

원칙 9. 글로벌 매너 갖추기

글로벌 매너는 어렸을 때부터 가르쳐야 한다. 어린 시절에 가장 중요하게 가르쳐야 할 글로벌 매너는 '질서 지키기' '기다리기' '남에게 폐 안 끼치기'이다. 글로벌 시티즌 여부를 가늠하는 기본적 잣대가 바로 이 세 가지이다. 그런데 우리나라 청소년에게 가장 부족한 부분이 바로 이 세 가지이기도 하다.

선진국을 여행하다 보면 길거리에서 사람들이 질서를 지키며 기다리고 있는 모습을 늘 본다. 레스토랑에서, 공연장에서, 미술관에서, 하다못해 길거리 가게에서도 줄을 서서 기다린다. 기다린다는 것은 자기 차례가 올 때까지 인내심을 갖고 차분히 견디는 가장 도덕적인 행위이다. 이러한 질서 지키기와 기다리기 교육은 결국 남의 생명에 대한 경외심의 표시이기도 하다. 영화 「타이타닉」이 이를 보여준다. 배가 가라앉는 상황에서도 침착함을 잃지 않고 어린이, 부녀자, 노인 순으로 구명보트에 태워 보내고는 자신들은 차가운 물속에서 죽어가는 감동적인 모습……. 바로 이러한 덕목은 어린 시절부터 교육을 통해 길러져야 한다. 남에게 폐 안 끼치기 교육은 일본 부모가 참으로 혹독하게 시킨다. 대중들이 있는 곳에서 자녀가 불편을 주는 행동을 하면 그 자리에서 가차 없이 혼을 내준다. 아이는 그 자리에서 다시는 그런 행위를 하지 않을 것을 결심한다.

또한 글로벌 매너는 국제적 행위이기도 하다. 대전 프랑스 문화원 박한표 원장은 "국제매너는 다른 문화에 대한 배려이고, 좋은 국제매너는 서로 다른 문화 사이에서 올바른 커뮤니케이션이 이루어질 때 나오는 것"이라고 말한다. 즉, 문화의 상대주의를 이해하는 사람이 국제매너를 잘 알고 있는 사람이라는 것이다. 국제 사회에서는 외국어만 잘 한다고 해서 모든 것이 해결되지 않는다. 그 나라의 문화나 사람들의 관습, 생각하는 방식을 이해해야지만 그들과 쉽게 통할 수 있다. 글로벌 리더가 될 사람들에게 이러한 태도는 필수적이다.[80]

주

1) 리처드 바크, 류시화 옮김, 『갈매기의 꿈』, 현문미디어, 2003, p.10.

2) 이윤기, 『이윤기의 그리스 로마신화』, 웅진닷컴, 2000, p.58, p.118.

3) 앨빈 토플러·하이디 토플러, 『앨빈 토플러 청소년 부의 미래』, 청림출판, 2007, p.18, pp.26-27, pp.37-45, p.58, pp.80-81.

4) 박영숙, "미래사회의 10대 트렌드", 『월간조선』, 10월호, 2007, pp.458-473.

5) 김종래, 『CEO 칭기스칸』, 삼성경제연구소, 2002, pp.138-139.

6) 이어령, 『천년을 만드는 엄마』, 삼성출판사, 2000, p.130.

7) 박하식, 『이젠 세계인으로 키워라』, 글로세움, 2006, pp.93-94.

8) 이민희·윤철경·김안아, 『청소년 글로벌 리더십 프로그램 모형 개발』, 문화관광부, 한국청소년개발원, 1999, pp.5-6.

9) 조병남, 『우리 아이 리더 만들기』, 물푸레, 2006, p.24.

10) 조병남, 『우리 아이 리더 만들기』, 물푸레, 2006, pp.154-155.

11) 박내회, 『현대리더쉽론』, 법문사, 1987, p.21; 조병남, 『우리 아이 리더 만들기』, 물푸레, 2006, p.32.

12) 김광웅, "늘 호기심 갖고 문제 파고들어야", 「중앙 SUNDAY」, 2007.10.21.

13) 박내회, 『현대리더쉽론』, 법문사, 1987, pp.352-358.

14) 조병남, 『우리 아이 리더 만들기』, 물푸레, 2006, p.97.

15) 조병남, 『우리 아이 리더 만들기』, 물푸레, 2006, pp.98-99.

16) 남상훈, 『글로벌 리더』, 인물과사상사, 2006, pp.126-127.

17) 이민희·윤철경·김안아, 『청소년 글로벌 리더십 프로그램 모형 개발』, 문화관광부, 한국청소년개발원, 1999, pp.39-41.

18) 남상훈, 『글로벌 리더』, 인물과사상사, 2006, p.35.

19) 이민희·윤철경·김안아, 『청소년 글로벌 리더십 프로그램 모형 개발』, 문화관광부, 한국청소년개발원, 1999, p.121.

20) "국제기구 취업 원하면 외교부 JPO과정 도전해 볼만", 「조선

일보」, 2007.11.23.

21) "유엔의 치열한 '자리 쟁탈전'", 「조선일보」, 2007.4.21.

22) "앞으로 국제적으로 이런 직업이 뜬다", 『우먼센스』, 5월호, 2007, pp.682-683.

23) 한창수, 『천년전의 CEO, 해상왕 장보고』, 삼성경제연구소, 2004, pp.19-21, p.25, p.30, pp.52-54, p.79.

24) 권준욱, 『옳다고 생각하면 행동하라』, 가야북스, 2007, p.23, p.107, p.130, p.132, p.187, pp.199-201.

25) 신웅진, 『바보처럼 공부하고 천재처럼 꿈꿔라』, 명진출판, 2007, p.39, p.46, p.49, p.59, p.65, p.71, p.79.

26) "신이 우즈를 선택했다면 최경주는 신을 감동시켰다", 「주간조선」, 2007.7.23.

27) 마이데일리(www.mydaily.co.kr), 2007.7.18.

28) 매일경제 세계지식포럼 사무국, 『다보스 리포트 힘의 이동』, 매경출판, 2007, pp.17-18, pp.278-280.

29) "영어 말하기 대회 1등 자신감으로 혼자 해냈죠", 「조선일보」, 2007.6.4.

30) "재능이 지능이다 - 내 꿈은 한국의 게이츠", 「동아일보」, 2007.5.17.

31) 이원숙, 『통 큰 부모가 아이를 크게 키운다』, 동아일보사, 2005, p.5, p.7, p.51, p.78, pp.81-82, p.161.

32) "초등 2년부터 내 꿈은 베를린 필 지휘자", 「조선일보」, 2006.9.25.

33) 김선욱 군 인터뷰 "연습 더하라는 부모님 잔소리 들은 적 없어", 「조선일보」, 2006.9.27.

34) "어릴 때 정명훈 지휘봉 사며 거장 꿈 꿔", 「중앙일보」, 2006.9.26.

35) 이어령, 『천년을 만드는 엄마』, 삼성출판사, 2000, p.136.

36) "프랑스 축구스타 앙리를 만나다", 「조선일보」, 2007.6.9-10.

37) 박내회, 『현대리더십론』, 법문사, 1987, pp.358-361.

38) 이민희·윤철경·김안아, 『청소년 글로벌 리더십 프로그램 모형 개발』, 문화관광부, 한국청소년개발원, 1999, pp.121-124.

39) "글로벌 리더가 되기 위해 지녀야 할 5가지 원칙", 『우먼센스』, 5월호, 2007, p.683.

40) "세계적 리더는 상대 감동시키는 힘있어", 「한국경제」, 2007.6.13.

41) 박희병, 『선인들의 공부법』, 창작과비평사, 1998, pp.24-26.

42) 박희병, 『선인들의 공부법』, 창작과비평사, 1998, pp.125-126.

43) 김영수 편, 『명문가의 자식교육』, 아이필드, 2005, pp.83-93.

44) 오천석, 『노란손수건』, 샘터사, 1975, pp.138-145.

45) "글로벌 CEO 되자", 「조선일보」, 2007.5.28.

46) "훌륭한 리더는 맡기면 믿고, 시작하면 끝장본다", 「조선일보」, 2007.5.30.

47) 김종래, 『CEO 칭기스칸』, 삼성경제연구소, 2002, pp.7-8.

48) 최효찬, "사소한 습관, 일기쓰기의 힘", 「조선일보」, 2007.7.9.

49) 최효찬, "아이에게 큰 돈 주지 마라", 「조선일보」, 2007.6.11.

50) "읽는 것이 힘이다 — 리더들은 모두 활자 중독이었다", 「매일경제」, 2007.3.6.

51) 앨빈 토플러·하이디 토플러, 『앨빈 토플러 청소년 부의 미래』, 청림출판, 2007, pp.8-9.

52) "미래를 상상하려면 지금 책을 읽어라". 「조선일보」, 2007.6.4; "젊음은 꿈을 위해 뭔가 저지르는 것", 「매일경제」, 2007.6.2.

53) "6남매 美 엘리트로 키운 전혜성 박사의 '독서론'", 「조선일보」, 2007.3.23.

54) 저우예후이, 최경숙 옮김, 『내 아이를 위한 일생의 독서 계획』, 바다출판사, 2007, pp.264-268.

55) "글로벌 리더로 키우는 엄마의 실전교육법", 『우먼센스』, 5월호, 2007, pp.679-681.

56) "매너 빵점인 애들은 하버드 나와도 취직 못해요", 「조선일보」, 2007.4.4.

57) 박하식, 『이젠 세계인으로 키워라』, 글로세움, 2006, p.102, p.111, p.113, p.141, pp.156-157, p.164, p.166, p.193, p.205.

58) 민족사관고등학교 홈페이지(www.minjok.hs.kr); 박하식, 『이젠

세계인으로 키워라』, 글로세움, 2006, p.71, p.111, p.141, p.157, p.163, p.194, p.196, p.205; 신희정, 『꿈이 있다면 세상은 네 편이다』, 위즈덤하우스, 2005, p.37.

59) 염재호, "대학의 세계화 전략", 『대학교육』, 126호, 한국대학교육협의회, 2003, pp.38-41.

60) 김영길, "글로벌 리더십의 개척자, 한동대학교의 도전", 『대학교육』, 143호, 한국대학교육협의회, 2006, pp.71-77.

61) 강인선, 『하버드 스타일』, 웅진지식하우스, 2007, pp.5-6, p.35, pp.54-55, pp.109-115.

62) "글로벌 리더로 키우는 엄마의 실전교육법", 『우먼센스』, 5월호, 2007, p.680.

63) 「우먼타임스」, 2007.8.17.

64) "국제 인맥을 쌓아라", 「조선일보」, 2007.4.12.

65) 김혜경, "'한국의 희망' 해외봉사단", 「동아일보」, 2007.5.8; 한국국제협력단 홈페이지(www.koica.go.kr)

66) "청소년 영어토론 '반기문 효과'", 「동아일보」, 2007.5.15.

67) 대한적십자사 홈페이지(www.redcross.or.kr)

68) 대한적십자사 홈페이지(www.redcross.or.kr)

69) LG글로벌챌린저 홈페이지(challenge.lg.co.kr)

70) 위르겐 푹스, 강희진 옮김, 『리더의 지혜를 담은 동화책』, 새론북스, 2004, p.191.

71) 위르겐 푹스, 강희진 옮김, 『리더의 지혜를 담은 동화책』, 새론북스, 2004, p.187.

72) 정미선의 미국 초등학교 이야기 "너무나도 구체적인 미국 아이들의 꿈", 「조선일보」, 2007.8.13.

73) 이어령, 『천년을 만드는 엄마』, 삼성출판사, 2000, p.18.

74) 금난새, 『금난새와 떠나는 클래식 여행』, 생각의나무, 2003, pp.28-34.

75) YBM sisa 편집국, 『프랭클린 자서전』, YBM sisa, 1986, pp.135-139.

76) "글로벌 인재 육성 위해 교육의 틀 완전히 새로 짜야", 「조선일보」, 2007.4.6.

77) 박하식,『이젠 세계인으로 키워라』, 글로세움, 2006, pp.87-88.

78) 햇살과나무꾼,『노벨상 수상자들의 어린 시절』, 서울문화사, 2000, pp.11-12.

79) 햇살과나무꾼,『노벨상 수상자들의 어린 시절』, 서울문화사, 2000, pp.18-19.

80) 박한표,『글로벌 매너』, 살림출판사, 2006. pp.39-42.

글로벌 리더 무대를 꿈꾸는 젊은이들이 알아야 할 아홉 가지 원칙

펴낸날	초판 1쇄 2007년 12월 10일
	초판 7쇄 2018년 9월 28일
지은이	**백형찬**
펴낸이	**심만수**
펴낸곳	**(주)살림출판사**
출판등록	1989년 11월 1일 제9-210호
주소	경기도 파주시 광인사길 30
전화	031-955-1350 팩스 031-624-1356
홈페이지	http://www.sallimbooks.com
이메일	book@sallimbooks.com
ISBN	978-89-522-0769-2 04080
	978-89-522-0096-9 04080(세트)

089 커피 이야기　　eBook

김성윤(조선일보 기자)

커피는 일상을 영위하는 데 꼭 필요한 현대인의 생필품이 되어 버렸다. 중독성 있는 향, 마실수록 감미로운 쓴맛, 각성효과, 마음의 평화까지 제공하는 커피. 이 책에서 저자는 커피의 발견에 얽힌 이야기를 통해 그 기원을 설명한다. 커피의 문화사뿐만 아니라 커피에 대한 일반적인 정보 및 오해에 대해서도 쉽고 재미있게 소개한다.

021 색채의 상징, 색채의 심리

박영수(테마역사문화연구원 원장)

색채의 상징을 과학적으로 설명한 책. 색채의 이면에 숨어 있는 과학적 원리를 깨우쳐 주고 색채가 인간의 심리에 어떤 작용을 하는지를 여러 가지 분야의 사례를 통해 설명한다. 저자는 색에는 나름대로의 독특한 상징이 숨어 있으며, 성격에 따라 선호하는 색채도 다르다고 말한다.

001 미국의 좌파와 우파　　eBook

이주영(건국대 사학과 명예교수)

진보와 보수 세력의 변천사를 통해 미국의 정치와 사회 그리고 문화가 어떻게 형성되고 변해왔는지를 추적한 책. 건국 초기의 자유방임주의가 경제위기의 상황에서 진보-좌파 세력의 득세로 이어진 과정, 민주당과 공화당의 대립과 갈등, '제2의 미국혁명'으로 일컬어지는 극우파의 성장 배경 등이 자연스럽게 서술된다.

002 미국의 정체성 10가지 코드로 미국을 말하다　　eBook

김형인(한국외대 연구교수)

개인주의, 자유의 예찬, 평등주의, 법치주의, 다문화주의, 청교도 정신, 개척 정신, 실용주의, 과학·기술에 대한 신뢰, 미래지향성과 직설적 표현 등 10가지 코드를 통해 미국인의 정체성과 신념을 추적한 책. 미국인의 가치관과 정신이 어떠한 과정을 통해서 형성되고 변천되어 왔는지를 보여 준다.

058 중국의 문화코드

강진석(한국외대 연구교수)

중국의 핵심적인 문화코드를 통해 중국인의 과거와 현재, 문명의 형성 배경과 다양한 문화 양상을 조명한 책. 이 책은 중국인의 대표적인 기질이 어떠한 역사적 맥락에서 형성되었는지 주목한다. 또한, 구체적이고 실제적인 여러 사물과 사례를 중심으로 중국인의 사유방식에 대해 설명해 주고 있다.

057 중국의 정체성 `eBook`

강준영(한국외대 중국어과 교수)

중국, 중국인을 우리는 과연 어떻게 이해해야 하나? 우리 겨레의 역사와 직 · 간접적으로 끊임없이 영향을 주고받은 중국, 그러면서도 아직까지 그들의 속내를 자신 있게 말할 수 없는, 한편으로는 신비스럽고, 한편으로는 종잡을 수 없는 중국인에 대한 정체성을 명쾌하게 정리한 책.

015 오리엔탈리즘의 역사 `eBook`

정진농(부산대 영문과 교수)

동양인에 대한 서양인의 오만한 사고와 의식에 준엄한 항의를 했던 에드워드 사이드의 오리엔탈리즘. 이 책은 에드워드 사이드의 이론 해설에 머무르지 않고 진정한 오리엔탈리즘의 출발점과 그 과정, 그리고 현재와 미래의 조망까지 아우른다. 또한 오리엔탈리즘이 사이드가 발굴해 낸 새로운 개념이 결코 아님을 역설한다.

186 일본의 정체성 `eBook`

김필동(세명대 일어일문학과 교수)

일본인의 의식세계와 오늘의 일본을 만든 정신과 문화 등을 소개한 책. 일본인을 지배하는 이데올로기는 무엇이고 어떤 특징을 가지는지, 일본을 주목해야 하는 이유는 무엇인지 등이 서술된다. 일본인 행동양식의 특징과 토착적인 사상, 일본사회의 문화적 전통의 실체에 대한 분석을 통해 일본의 정체성을 체계적으로 살펴보고 있다.

261 노블레스 오블리주 세상을 비추는 기부의 역사

예종석(한양대 경영학과 교수)

프랑스어로 '높은 사회적 신분에 상응하는 도덕적 의무'를 뜻하는 노블레스 오블리주. 고대 그리스부터 현대까지 이어지고 있는 노블레스 오블리주의 역사 및 미국과 우리나라의 기부 문화를 살펴보고, 새로운 시대정신으로 노블레스 오블리주를 부활시킬 수 있는 가능성을 모색해 본다.

396 치명적인 금융위기, 왜 유독 대한민국인가 eBook

오형규(한국경제신문 논설위원)

이 책은 전 세계적인 금융 리스크의 증가 현상을 살펴보는 동시에 유달리 위기에 취약한 대한민국 경제의 문제를 진단한다. 금융안정망 구축 방안과 같은 실용적인 경제정책에서부터 개개인이 기억해야 할 대비법까지 제시해 주는 이 책을 통해 현대사회의 뉴노멀이 되어 버린 금융위기에서 살아남는 방법을 확인해 보자.

400 불안사회 대한민국, 복지가 해답인가 eBook

신광영 (중앙대 사회학과 교수)

대한민국 사회의 미래를 위해서 복지는 선택이 아니라 필수라고 말하는 책. 이를 위해 경제 위기, 사회해체, 저출산 고령화, 공동체 붕괴 등 불안사회 대한민국이 안고 있는 수많은 리스크를 진단한다. 저자는 사회적 위험에 대응하기 위한 복지 제도야말로 국민 모두의 삶의 질을 높일 수 있는 길이라는 것을 역설한다.

380 기후변화 이야기 eBook

이유진(녹색연합 기후에너지 정책위원)

이 책은 기후변화라는 위기의 시대를 살면서 우리가 알아야 할 기본지식을 소개한다. 저자는 기후변화와 관련된 핵심 쟁점들을 모두 정리하는 동시에 우리가 행동해야 할 실천적인 대안을 제시한다. 이를 통해 독자들은 기후변화 시대를 사는 우리가 무엇을 해야 할 것인지에 대하여 생각해 볼 수 있을 것이다.

eBook 표시가 되어있는 도서는 전자책으로 구매가 가능합니다.

㈜살림출판사
www.sallimbooks.com
주소 경기도 파주시 문발동 522-1 | 전화 031-955-1350 | 팩스 031-955-1355